© Verlag Zabert Sandmann GmbH
München
1. Auflage 1994
ISBN 3–924678–70–7

Konzeption & Redaktion	Monika Kellermann Reinhardt Hess
Warenkunde	Monika Kellermann
Grafik	Georg Feigl
DTP	Reinhardt Hess
Fotografie	Christian von Alvensleben Susi Eising Bruno Hausch Mads Madsen StockFood/Brauner StockFood/Eising Arnold Zabert
Herstellung	Peter Karg-Cordes
Litho	SCAN, Kiefersfelden
Druck	Mohndruck, Gütersloh

In Zusammenarbeit mit der TR-Verlagsunion GmbH München

Genießen erlaubt

Mit Texten von Lisa Fitz
und Rezepten von Alfons Schuhbeck

ZABERT
SANDMANN

INHALT

Mit Freude genießen

Harmonie von Küche und Tisch

Wer gerne ißt, tut dies am liebsten in Gesellschaft. Für Genußmenschen gibt es nichts Schöneres, als nette Freunde um einen großen Tisch vereint bei einem guten Essen. Sicherlich macht es Mühe, Gäste zu bewirten, aber vieles läßt sich heute doch sehr vereinfachen, zum Beispiel mit einem außergewöhnlichen Geschirr, das Küche und Tisch harmonisch vereint. Gekocht wird in feuerfesten Töpfen, die so attraktiv sind, daß sie auf jeden hübsch gedeckten Tisch passen und somit lästiges Umfüllen vom Topf in eine Servierschüssel ersparen.

Überflüssiger und vor allem unangenehmer Abwasch von schweren Töpfen entfällt und das zum Service passende Kochgeschirr steckt man anschließend einfach in den Geschirrspüler.

Voll im »Trend«
Vielseitig kombinierbar, funktional und mit einem ansprechenden Design, so sieht das Geschirr von heute aus. Thomas »Trend« entspricht voll diesem Zeitgeist: Zubereiten, Kochen und Servieren sind eins, und viele praktische Extras wie Essig- und Öl-Flasche, Käseglocke, Mörser, Pastabehälter, Kerzenleuchter, Blumenvase, diverse Schalen und ein Wok- oder Fondueset machen schließlich die Freude am Genießen komplett.

Köstlichkeiten aus aller Welt
verlangen auch nach einer anderen Art des Servierens. Spanische Tapas werden zum Beispiel in quadratischen oder rechteckigen Schalen auf den Tisch gebracht, ebenso wie die Pikanterien zu Raclette oder Fondue. Fernöstliches ißt man praktischerweise aus runden, tiefen Schalen, die sich jedoch ebenso gut auch zum Dippen würziger Saucen eignen.
Junge Menschen lieben den gesellschaftlichen Spaß beim Essen. Klassische Menüs sind out, jeder bereitet sich am Tisch selbst nach Herzenslust etwas zu, taucht knackiges Gemüse in würzige Dips oder nascht ganz einfach während des Plauderns köstliche Kleinigkeiten wie Oliven, gebackene Früh-

lingsrollen, bunte Sushis oder Salamischeiben, dekorativ angerichtet auf praktischen Schalen oder Platten. Trend »Asia« ist daher die optimale Variante für alle, die gerne nach Herzenslust kombinieren und den vielseitigen Genüssen dieser Welt aufgeschlossen gegenüberstehen.

Kinder mögen's bunt,
und von einem schönen, farbigen Teller schmeckt's gleich viel besser. Lustige Figuren von Janosch, eine bunte Eisenbahn oder eine fröhliche Bauernfamilie wecken nicht nur die Freude am Essen, sondern auch den Sinn für eine gepflegte Tischkultur. Daher können Eltern nicht früh genug anfangen, für ihre Kids ein ansprechendes Geschirr auszu-

Tips und Tricks

**Ob zum Frühstück, zum Mittag-
oder Abendessen, im Büro oder
einfach nur zu einem netten,
geselligen Beisammensein – ein
funktionelles Geschirr mit
ansprechendem Design ist die Basis
für fröhliches Genießen.**

Table-Fashion, das freche Design für junge
und junggebliebene Menschen, sorgt für Abwechslung und bunte Momente – gleich zu
welcher Tageszeit oder zu welchem Anlaß.

»Prima«, die Geschirrserie für den flexiblen
Haushalt. Von der Frühstückstasse über den
Kochtopf bis hin zur passenden Aufbewahr-
dose – an alles ist gedacht.

wählen, das fröhlich ist, die Phantasie
anregt und Lust auf Genuß macht.

»Prima« Kochen und Servieren

Kochen und Servieren aus einem Topf
spart nicht nur Zeit, sondern auch Ener-
gie und schont die Umwelt. Die modernen feuerfesten Kochgeschirre von
Thomas sind aus einem neuen Material, das eine Aufheizgeschwindigkeit
zeigt, die hochwertigen Edelstahltöpfen
mit Sandwichboden entspricht. Die
diamant-geschliffene Bodenfläche sorgt
für besten Kontakt zur Kochplatte und
die Wärmespeicherung ist hervor-
ragend. Somit bleiben die im Kochgeschirr servierten Speisen auch bei Tisch
lange Zeit heiß. Natürlich sind alle
diese Teile auch mikrowellengeeignet.

Janosch und seine Freunde auf feinem
Porzellan, damit macht der Kindergeburts-
tag gleich noch mehr Freude und der leckere
Kuchen schmeckt so auch viel besser.

Auf rechteckigen oder quadratischen Platten
und in runden Schalen lassen sich Köstlich-
keiten aus allen Ländern der Welt nach
Herzenslust appetitlich anrichten.

Es geht hier um die Wurst

In keinem anderen Land der Welt gibt es eine so große Vielfalt an Würsten wie in Deutschland. Unzählig viele Wurstsorten sorgen für Abwechslung. Schon beim Anblick einer deftigen Wurstplatte oder frischer, dampfender Weißwürste läuft doch fast jedem das Wasser im Mund zusammen. Würzige Wurst schmeckt aber nicht nur zur Brotzeit – man kann draus herzhafte Eintöpfe, leckere Suppen und viele andere köstliche Gerichte herstellen, wie die Rezepte auf den Seiten 66 bis 71 zeigen.

Wurst ist nicht gleich Wurst. Je nach Art der Herstellung werden drei große Wurstfamilien unterschieden: Rohwürste, Kochwürste und Brühwürste.

Die Rohwürste
Bei dieser Wurstart besteht die Füllmasse aus rohem, zerkleinerten Fleisch und Speck, Salz und Gewürzen. Durch Pökeln und anschließendes Räuchern oder Lufttrocknen werden die Würste haltbar gemacht und entwickeln ihren charakteristischen, pikant-würzigen Geschmack. Zu dieser Familie gehören die lange lagerfähigen und als Wanderverpflegung beliebten Hartwürste wie Landjäger, Salami und Cervelat, aber auch weiche, streichfähige Würste wie die grobe und feine Teewurst.

Kabanos
Die herzhafte Kabanos ist eine kräftig gewürzte, in Naturdarm abgefüllte und im Heißrauch gegarte Wurst, die nach einem böhmischen Originalrezept überwiegend aus magerem Schweinefleisch hergestellt wird.

Die Kochwürste
Ausgangsmaterial ist meist vorgegartes Schweinefleisch und Speck, denen je nach gewünschtem Wursttyp Blut, Leber oder andere Innereien, Schwarten und Sehnen, regional auch Brot oder Grütze sowie Gewürze zugegeben werden. Abgefüllt in Därmen, Dosen oder Gläsern wird die Kochwurst erhitzt und dadurch haltbar gemacht. Ein kurzer Aufenthalt in einer Räucher-

kammer sorgt bei manchen Leberwürsten, zum Beispiel bei der Starnberger Leberwurst, für ein besonders herzhaftes Aroma. Zu den Kochwürsten zählen Blutwurst, Thüringer Rotwurst, Sülzwurst und natürlich alle Sorten von Leberwürsten – von fein bis grob.

Die Brühwürste
Die größte Familie der Wurstarten wird aus Rind- und Schweinefleisch, Speck, Wasser, Salz und Pökelsalz sowie aus technologischen Gründen auch mit Zusätzen wie Milcheiweiß, Citrat, Ascorbinsäure und so weiter zubereitet. Diese Würste werden nach dem Abfüllen in Hüllen gebrüht und, je nach Sorte, teilweise geräuchert. Bekannte Brühwürste sind Fleischwurst, Jagd-

Tips und Tricks

Ohne Fett schmeckt keine Wurst – doch so hoch, wie oft vermutet wird, ist der Fettgehalt unserer deutschen Wurstsorten längst nicht mehr. Nach neuen Untersuchungen der Bundesanstalt für Fleischforschung in Kulmbach ist der durchschnittliche Fettgehalt deutscher Wurstwaren in den letzten 10 Jahren von 38 auf 28 Prozent gesunken.

wurst, Bierschinken, Wiener Würstchen und, nicht zu vergessen, die in Bayern heißgeliebten Weißwürste. Die Brühwürste schmecken am besten ganz frisch und halten sich auch im Kühlschrank nicht allzu lange. Ein neuer Gag aus der bayerischen Schmankerlküche sind Wiener, Weißwürste und Regensburger im Miniformat, extra klein und mundgerecht als Partywürstl.

Eine herzhafte Starnberger Leberwurst ist eine schmackhafte und saftige Umhüllung fürs Filet Wellington – auf neue und originelle Art zubereitet.

Für eine kleine Knabberei fertigen Brotteig ausrollen, in Rechtecke schneiden und die Käse-Knabber-Kabanos damit umhüllen. Braun und knusprig backen.

Ein schneller, pikanter Imbiß: Eine dicke Scheibe Käse-Leberkäse auf dunkles Bauernbrot legen und unter dem Grill schön goldbraun überbacken.

Ein schnelles Essen: Streifig geschnittenen Schmankerlschinken mit Almkäse überbacken und mit frisch gekochten Nudeln vermischt servieren.

Da haben wir den Salat - in allen Farben und Formen. Gesund, knackig und frisch – natürlich aus heimischer Ernte auf kurzem Weg in die Küche.

Ob hell oder dunkel, herzhaft und kernig oder weich und locker, in einem Land der ungezählten Brotsorten fällt die Wahl wirklich schwer.

Wenn es um die Wurst geht, ist die unglaubliche Vielfalt in allen deutschen Regionen nicht zu übertreffen. Einfach so oder als herzhafter Imbiß immer ein Vergnügen.

Kochkunst fängt beim Einkauf an

Alfons Schuhbeck nimmt nur frische, der Jahreszeit entsprechende Produkte – und der Erfolg seiner Küche gibt ihm recht. »Genußvoll speisen« bedeutet für ihn nicht, raffinierte Gerichte aus übertrieben teuren, möglichst ausgefallenen, exotischen Zutaten durch stundenlange Arbeit zu kochen, sondern hochwertige, frische Produkte so zuzubereiten, daß der Eigengeschmack bestmöglichst erhalten bleibt. Genießen auf gut deutsch – darunter versteht der Genußfan eine Küche der Regionen und ihrer Traditionen.

Bedingt durch den wiederkehrenden Wechsel der Jahreszeiten, das unterschiedliche Klima und durch die jeweilige Geschichte entwickelte sich in Deutschland im Laufe der Zeit, von Nord nach Süd, eine schmackhafte und abwechslungsreiche Küche. Verständlich, daß die Menschen an der Küste anders genießen als zum Beispiel die Westfalen oder die Rheinländer. In typischen Weinregionen liebt man andere Gerichte als in Gegenden, in denen hauptsächlich Bier getrunken wird. Traditionsreiche und regional unterschiedliche Rezepte bilden den kulinarischen Reiz der modernen deutschen Küche, von denen sich nicht nur große Köche inspirieren lassen, sondern auch immer mehr Genießer.

Genießen auf gut deutsch -
das ist auch eine Rückbesinnung auf die Jahreszeiten. Denn nur absolut frische Produkte sind die Basis für eine anspruchsvolle Küche. Für Abwechslung auf dem Speiseplan ist in Deutschland immer gesorgt, denn die Natur liefert das ganze Jahr hindurch eine reiche Vielfalt an Obst, Gemüse, Getreide, Fleisch und Käse. Auf den folgenden Seiten zeigt Alfons Schuhbeck, der Sternekoch aus Waging, wie einfach es ist, mit ganz alltäglichen, heimischen Lebensmitteln köstliche Gerichte herzustellen. Alle Rezepte sind so aufgebaut, daß auch Kochunerfahrene sie leicht nachkochen können. Stürzen Sie sich sich also lustvoll hinein ins Vergnügen am Kochen und natürlich auch am

anschließenden genußvollen Verzehren. Jede Jahreszeit hat ihren ganz besonderen kulinarischen Reiz.

Genießen im Frühling

ist nicht nur wegen des edlen Spargels »die« kulinarische Wonnezeit. Endlich gibt es wieder frisch geerntetes junges Gemüse wie Möhren, Zuckerschoten, Kohlrabi und Spinat. Reife, aromatische Erdbeeren reizen zum Naschen. Nicht nur Eier haben zur Osterzeit Saison, auch das Angebot an frischem Lammfleisch ist besonders groß. Werden die Tage länger, erwacht auch die Lust an leicht bekömmlichen Gerichten, zum Beispiel aus zartem Hähnchenfleisch, das wunderbar mit jungem Gemüse harmoniert.

Genießen im Sommer

das bedeutet in erster Linie leichte Salate! Krachfrischer Romana- und Eisbergsalat, rotblättriger Lollo rossa oder knackiger Kopfsalat – alle diese Blattsalate werden heute in Deutschland angebaut und kommen erntefrisch vom Feld auf kürzestem Weg zum Markt. Mit raffinierten Saucen angemacht, mit Eiern, Wurst- oder Käsewürfeln bereichert – an heißen Sommertagen ein unwiderstehlicher erfrischender Genuß! Da man die heißeste Zeit nicht unbedingt am Küchenherd verbringen will, verlegt man das Kochen kurzerhand ins Freie. Rind- oder Schweinefleisch, knusprig-goldbraun gegrillt, ist ein heißgeliebter sommerlicher Leckerbissen. Zum Nachtisch kommen natürlich nur aromatische, erntefrische Beeren in Frage, mit frischer Sahne oder Quark.

Genießen im Herbst

Das ist die Zeit, nach der sich Kartoffelliebhaber sehnen. Endlich gibt es wieder stärkereiche Spätkartoffeln, aus denen Klöße, Reibekuchen und Püree so gut gelingen und schmecken. Ob festkochend, vorwiegend festkochend oder mehligkochend, im Herbst haben die gesunden Knollen das feinste und intensivste Aroma. Als Gemüsebeilage bevorzugen Genießer jetzt bißfest gegarten Lauch, Rote Bete oder Schwarzwurzeln. Vollreife Früchte wie saftige Äpfel, süße Birnen und geschmacksintensive Zwetschgen verlocken zum Backen köstlicher Obstkuchen.

Genießen im Winter

das heißt wärmende Suppen, dampfende Eintöpfe sowie herzhafte Braten. Sobald die ersten Schneeflocken fallen, stellt sich die Lust auf gehaltvolleres Essen wieder ein, zum Beispiel nach saftigen Schweinebraten, begleitet von Weißkohl oder Wirsing. Einig ist man sich in allen deutschen Regionen mit dem Weihnachtsbraten – Gans, Ente oder Puter muß es sein, goldbraun gebraten, aber dennoch regional unterschiedlich gefüllt.

Nur aus einem leicht von Fettadern durchzogenen, also marmorierten, und gut abgehangenen Rindfleisch wird ein butterzartes, saftiges Steak.

Frisch gesammelte Beeren stecken voller Mineralstoffe und Vitamine und sind die gesündeste und zugleich erfrischendste Sommernascherei, die man sich denken kann.

Wenn man sich immer noch streitet, ob der Käse vor oder nach dem Dessert gereicht werden soll – kein Problem. Essen Sie Käse, wann immer Sie Lust drauf haben.

13

Frisches mit Milch

Die eierlegende Milchkuh

Was eine Milchkuh von sich gibt, ist schon ziemlich einzigartig. Alles was ein Mensch braucht, vor allem ein kleiner, steckt da drin. Und noch magenfreundlich aufbereitet. Außerdem kann man aus Milch tausend Käsesorten und fette Sahne, Magerquark und Dickmilch, prickelnden Kefir und Joghurt machen. Und man kann die Milch so geschickt in Schokolade packen, daß Mütter denken, sie tun ihren Kindern was Gutes damit.

Es gibt bekanntlich Dicke und Dünne, aber auch Vollgefressene und fast Verhungerte. Man braucht sich nur das Auslandsjournal im Fernsehen anzuschauen. Unsere Kinder werden immer fetter, heißt's. Aber … so richtig häßliche, dicke Ballonkinder gibt es im Grund ja gar nicht bei uns. Es gibt nur – sagen wir: Unzufriedene oder zufriedene Mütter. Also solche Mütter, die ein schlechtes Gewissen haben, weil sie sich nicht genug um ihr Kind kümmern können. Und das Defizit gleichen's eben mit Kuchen, Schokolade, Eis und Sahne aus. Sie stopfen sozusagen ihr schlechtes Gewissen mit den Bonbons den Kindern in den Rachen – dann isses weg. Das Kind als Mastgans.

Mästen und stopfen

Oder alte Damen, die ihre den Bauch schon am Boden schleifenden Dackel aus lauter Liebe zu Sofakissen stopfen. Bei den Gänsen hat man mit dem Stopfen aus Tierliebe schon fast aufgehört, Kinder genießen diesen Tierschutz leider noch nicht. Es gibt ja diese Autoaufkleber: »Ich bremse auch für Tiere«. Den kenn' ich für Kinder nicht. Deswegen sterben wahrscheinlich jedes Jahr so viele Kinder im Straßenverkehr. Mein Sohn hat g'sagt, die Kinder werden deswegen so gut gefüttert, damit man s' dann wenigstens mit einem guten Gewissen überfahren kann.

Nein wirklich, mir kommt so ein Kind wie eine Art Probe-Container vor. Allesfresser! Eine wandelnde Mülltonne. Das Kind kriegt alles kiloweise hinein, was man selbst früher nicht gekriegt hat. Hat die Mutter ein schlechtes Gewissen, setzt sie das Kind mit einem Schokolad' vor den Fernseher. Oder mit einem von den pappsüßen Plastik-Joghurt-Desserts, damit der Zahnarzt wieder was zu bohren hat.

Kampf um Coco-Pops

Und irgendwann ist der Zug durch. Meine Nachbarin hat einen dauernden Kampf mit ihrem Zwerg: Coco-Pops. Tag und Nacht, zum Frühstück, zum Abendessen. »Was willst Du?« »Coco-Pops«. Gerade hat sie ein gutes Essen gemacht, eine halbe Stunde später: »Coco-Pops«. Pommes frites, Ketchup, Coco-Pops. Ein Essen für Kinder wie für Tiere: Coco-Pops und Schokolade und Sahne. Ich kenn' keinen Hund, der Sahne nicht fressen tät'. Aber da ist der Mensch meistens noch so gescheit, daß er s' dem Hund nicht gibt, weil man sagt, das ist schlecht für den Hund. Bis auf diese Dackel-Omis. Und beim Kind sagt man, ihm soll's an nix fehlen und gibt ihm Coco-Pops. Unser Kind soll's doch mal besser haben. Das ist die Frage, langfristig gesehen, ob's das Kind besser hat auf diese Weise. Obwohl man doch alles so toll gemacht hat, isses dann fettlei-

big und hat einen schlechten Charakter, weil ihm die Liebe gefehlt hat. Warum ist das Kind so undankbar, es hat doch alles gekriegt? Ja eben, das Kind hat alles gekriegt, was es wollte, Tag und Nacht. Und ist trotzdem dick und undankbar geworden. *Deswegen!* Aber die Werbung ist auch teuflisch. Sie weckt Bedürfnisse, von denen wir gar nicht gewußt haben, daß wir sie überhaupt haben!! Logo – das Kind von heute ist der Konsument von morgen. Inzwischen ist so eine Markenfirma eine verläßlichere Bezugsperson als die Eltern – langfristig gesehen (mit unsern Scheidungsra-

ten und unserm Leistungsstreß). Und inzwischen kauft man ja auch gar nimmer nur eine Cola, naa – man möcht sich *fühlen* wie der Super-Surfer in der scharfen Bermudashorts oder der geile Motorradtyp in der Levis, wenn man die Cola trinkt. Seine Identität kauft man sich. Vermeintlich! Das des nur heiße Luft ist, merken viele das ganze Leben lang nicht!

Überraschung an der Kasse

Alles Strategie! Auch im Großmarkt. Der Kampf mit den Kindern geht doch immer erst an der Kasse richtig los. Da hat man Magerquark und Joghurt eingekauft wegen der Kalziumversorgung und weil die Bulgaren damit alle hundert Jahre alt werden. Und dann steht man mit seinem Einkaufswagen im Gittergang vor der Kasse wie ein Raubtier. Und da liegen die Schokoriegel und die Kaugummis plötzlich in 40 Zentimeter Höhe – und dann geht der Zwergenaufstand los: »Mama, i mecht a Kinderüberraschung ha'm…«. »Nein. Gib jetzt a Ruh!« … »Mama!« … »Was hab i g'sagt?« … »I mecht aber a Kinderüberraschung ha'm … Wäääh«.

Und bevor es peinlich wird, stopfst dem Zwerg sein Mund mit so am depperten Ei. Wo man die Plastikautos drin als Erwachsener in zwei Stunden net schafft zum Z'ammbauen, aber die Kleinen in fünf Minuten. Die san auf Kinder-Ei-Konstruktionen geradezu spezialisiert. Genau wie sie die »kindersicheren Verschlüsse« schneller geknackt haben als wir.

Wissen Sie, was ich Ihnen sag': Der aufrechte Widerstand gegen eine verrückte Welt, von der jeder auch noch behauptet, sie wär normal – der ist verdammt hart!

17

Joghurt-Terrine auf Tomatensalat

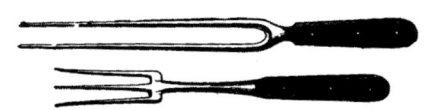

Für die Terrine:

3 Blatt weiße Gelatine

1 Eiweiß

1 TL Zucker

Salz

200 ml süße Sahne (gut gekühlt)

300 g Vollmilchjoghurt

1 EL Pflanzenöl

frisch gemahlener weißer Pfeffer

1–2 EL Zitronensaft

1 Bund Basilikum

Für den Tomatensalat:

300 g kleine Tomaten oder

Cocktailtomaten

1 Schalotte

1 Fleischtomate

1–2 EL Rotweinessig

Salz

frisch gemahlener Pfeffer

1 Prise Zucker

3 EL Pflanzenöl

Zum Garnieren:

einige Basilikumblätter

1. Die Gelatine einige Minuten in kaltem Wasser einweichen. Das Eiweiß steif schlagen, dabei Zucker und Salz einrieseln lassen und so lange weiterschlagen, bis der Schnee schnittfest und weißglänzend ist. In einer zweiten Schüssel die gut gekühlte Sahne steif schlagen.
2. Den zimmerwarmen Joghurt mit Öl glattrühren und mit Salz, Pfeffer und Zitronensaft würzig abschmecken. Die Gelatineblätter gut ausdrücken und in 1 Eßlöffel heißem Wasser auflösen.

Vorsichtig mit dem Joghurt vermischen, dann den Eischnee und die Schlagsahne gleichmäßig unterziehen.

3. Das Basilikum waschen, gut trocknen und die Blättchen von den harten Stengeln abzupfen, Blätter sehr fein hacken. Ein Drittel von der Joghurt-Sahnemasse abnehmen und das gehackte Basilikum unterrühren.
4. Den Boden von einer kleinen Terrinenform oder von 4 Portionsschalen mit der grünen Joghurtmasse bedecken und etwa 15 Minuten in den Kühlschrank stellen, bis die Creme fest genug geworden ist. Dann mit weißer Joghurtcreme auffüllen und in gut einer Stunde im Kühlschrank ganz erstarren lassen.
5. In der Zwischenzeit die Tomaten mit kochendem Wasser überbrühen, häuten und die Stielansätze entfernen. Die Früchte in Stücke schneiden oder vierteln. Die Schalotte schälen und in sehr kleine Würfelchen schneiden.
6. Die Fleischtomate kurz in kochendes Wasser tauchen, die Haut abziehen. Die Frucht quer halbieren, Strunkansatz ausschneiden und die Kerne mit einem Teelöffel entfernen. Das Fruchtfleisch im Mixer fein pürieren und mit Essig, Salz, Pfeffer, Zucker und Pflanzenöl zu einer Salatmarinade verrühren. Die Tomatenstücke dazugeben und locker vermischen. Kurz durchziehen lassen, dann den Salat auf vier Teller verteilen.

7. Zum Servieren die Terrinenform (oder die Förmchen) kurz in heißes Wasser tauchen, damit sich das Gelee leichter stürzen läßt. Entweder in Scheiben schneiden oder die Portionsterrinen im ganzen auf den Salattellern anrichten und mit gewaschenen Basilikumblättern garnieren.

Weinempfehlung:

Ein eleganter Riesling mit leichter Pfirsichnote, wie etwa der 92er Rheingauer Riesling Kabinett vom Weingut Robert Weil, ist ein passender Begleiter zu dieser erfrischenden Vorspeise. Wilhelm Weil schwört auf naturnahen Anbau und niedrigen Ertrag bei hohem Qualitätsanspruch, das schmeckt man bei jedem Schluck seiner bouquetreichen Rieslinge.
Wer auf Alkohol verzichten möchte, trinkt Mineralwasser oder ein Glas Tomatensaft dazu.

ALFONS SCHUHBECK

Die Terrine ist die richtige Vorspeise für ein sommerliches Essen: leicht bekömmlich, kühl, erfrischend und vitaminreich. Man kann die Joghurtcreme auch mit anderen fein gehackten Sommerkräutern zubereiten, zum Beispiel mit Petersilie, Kerbel, Sauerampfer oder Ruccola – am besten taufrisch aus dem eigenen Kräutergarten geerntet. Durch das Tomatenpüree bekommt der Salat eine angenehme, fruchtig schmeckende Bindung. Allerdings sollten Sie für die Marinade nur wirklich sonnengereifte, aromatische Fleischtomaten verwenden.

19

Maultaschen mit Aprikosenfüllung auf Kefirschaum

Für den Strudelteig:

250 g Mehl

1 Prise Salz

1 kleines Ei

knapp 1/8 l lauwarmes Wasser

1 TL Pflanzenöl

Für die Füllung:

200 g getrocknete Aprikosen

2–3 Stengel Stangensellerie

20 g Butter

1 EL Zucker

2 cl Aprikosenlikör

1 Eiweiß zum Bestreichen

40 g Butter zum Braten

Für den Kefirschaum:

1/4 l Kefir

100 ml Sahne

2–3 EL Puderzucker

2–3 EL Schlehengeist

Zum Garnieren:

einige frische Minzeblätter

1. Das Mehl mit einer Prise Salz auf ein Backbrett häufen, in die Mitte eine Mulde drücken und das Ei sowie das lauwarme Wasser dazugeben. Die Zutaten miteinander verquirlen, dann mit dem Mehl zu einem Teig vermischen und mit den Handballen so lange kneten, bis er glatt, geschmeidig und leicht glänzend ist.
2. Die Teigoberfläche dünn mit dem Pflanzenöl bestreichen, eine angewärmte Metallschüssel darüberstülpen und an einem warmen Plätzchen etwa 30 Minuten ruhen lassen.

3. Für die Füllung die Aprikosen und den gewaschenen Stangensellerie in kleine Würfel schneiden. 20 g Butter und den Zucker in einer Pfanne goldgelb karamelisieren lassen. Mit Aprikosenlikör ablöschen und die Früchte- und Gemüsewürfel dazugeben. Verrühren und zugedeckt bei abgeschalteter Kochplatte einige Minuten ziehen lassen. Kalt stellen.
4. Den Strudelteig auf einem großen Küchentuch ausrollen, mit den Handrücken darunterfassen und den Teig hauchdünn ausziehen. Kreise von etwa 8 cm Durchmesser ausstechen. Auf jeweils einen Teigkreis etwas von der abgekühlten Füllung in die Mitte geben, rundherum mit Eiweiß bestreichen und mit einem zweiten Teigblatt bedecken. Die Ränder gut festdrücken.
5. In einer großen Pfanne etwas Butter erhitzen und die Maultaschen darin portionsweise bei mittlerer Hitze auf jeder Seite in wenigen Minuten goldgelb braten. Herausnehmen und warmstellen, bis alle Teigtaschen fertig gebraten sind.
6. Für den Schaum den Kefir mit Sahne und Puderzucker schaumig aufschlagen und mit Schlehengeist aromatisieren. Die Sauce auf Teller verteilen und die gebratenen Maultaschen darauf anrichten. Mit frischen Minzeblättern garniert servieren.

Weinempfehlung:

Eine edelsüße Riesling Spätlese, Jahrgang 92 aus dem Weingut Robert Weil, die fast schon an eine Auslese erinnert, paßt mit ihrem ausgewogenen Säure-Süßespiel sehr gut zu dieser nicht alltäglichen Mehlspeise.
Nebenbei bemerkt wird dieser Wein auch nach Jahrzehnten noch ein Genuß sein, falls er so lange in Ihrem Weinkeller lagern darf.

ALFONS SCHUHBECK

Kefir ist ein Sauermilchprodukt, das ursprünglich aus dem Kaukasus stammt. Es schmeckt säuerlich, pikant und prickelt leicht, weil sich bei der Säuerung Kohlensäure entwickelt. Keine Angst, wenn der Deckel leicht gewölbt ist, beim Kefir ist das kein Hinweis auf Verderb, sondern eher ein Qualitätsmerkmal. Im Gegensatz zu anderen Sauermilchprodukten enthält er meist eine kleine Menge Alkohol (0,1 bis 0,6%), den die Kefir-Hefen aus dem Milchzucker bilden.

Quarksoufflé

10 g Butter
80 g Zucker
3 Eiweiß
250 g Magerquark
3 Eigelb
abgeriebene Schale von 1/2 Zitrone
30 g gehackte Pistazien

1. Den Backofen auf 200 °C vorheizen. Eine nicht zu hohe Auflaufform mit Butter ausstreichen und mit 10 g Zucker ausstreuen. Bis zum Backen kühlen.

2. Die Eiweiß steif schlagen, dabei den restlichen Zucker einrieseln lassen, und so lange weiterschlagen, bis der Schnee schnittfest und glänzend ist. Quark und Eigelb miteinander verrühren, Zitronenschale und Pistazien dazugeben und den Eischnee vorsichtig und locker unterziehen.

3. Die Masse in die vorbereitete Auflaufform füllen und im heißen Backofen in 20 bis 25 Minuten goldgelb bakken. Als Dessert mit einer Fruchtsauce oder einem Kompott servieren.

ALFONS SCHUHBECK

Das Eiweiß soll für ein Soufflé nicht zu gründlich untergemischt werden, es schadet nicht, wenn noch helle Schaumflocken zu sehen sind. Sie wissen ja, daß man beim Backen das Ofentürl nicht öffnen darf, weil sonst die schaumige Masse zu einem flachen Pfannkuchen zusammenfällt. Das gleiche passiert auch, wenn das fertige Soufflé auf seine Esser warten muß. Es soll genau umgekehrt sein: In letzter Minute auftragen und gleich essen, sonst fällt die Pracht zusammen.

Kefir-Buttermilch-Kräuterkaltschale

1/4 l Kefir

1/4 l Buttermilch

1/8 l saure Sahne

1 EL frisch geraspelter Meerrettich

1/2 Bund Brunnenkresse

4–5 Blätter Basilikum

1 Bund Schnittlauch

1 kleine Knoblauchzehe

Salz, frisch gemahlener Pfeffer

1 Prise Cayennepfeffer

1–2 EL Zitronensaft

2 EL Oliven- oder Kürbiskernöl

1 Fleischtomate

1 Kästchen Gartenkresse

ALFONS SCHUHBECK

**Die kalte, appetitanregend nach
Kräutern duftende Suppe
ist ein Hochgenuß an heißen
Sommertagen. Soll sie schon etwas
sättigen, dann serviere ich die
pikante Kaltschale mit gerösteten
Kürbiskernen oder mit
Schwarzbrotwürfelchen bestreut.**

*

**Kürbiskernöl aus der Steiermark,
auch kurz Kernöl genannt, ist ein
dunkles, sehr würziges Öl, das
ebenso gut zu Kartoffelsalat paßt.**

*

**Die beiden Saucen schmecken zu
gekochtem Rindfleisch, zu einer
Sülze oder einfach nur so zu
Pellkartoffeln.
Im Frühjahr sollten Sie statt des
Schnittlauchs feingeschnittenen
Bärlauch probieren.**

1. Kefir, Buttermilch und die saure Sahne zusammen mit dem frisch geraspelten Meerrettich in ein Mixgerät geben und kurz durchmixen.
2. Brunnenkresse gründlich waschen, die Blätter abzupfen und mit den Basilikumblättern fein hacken. Den Schnittlauch in feine Röllchen schneiden. Die Knoblauchzehe schälen und durch eine Presse drücken.
3. Den Knoblauch mit den Kräutern zu der Milch-Meerrettichmischung geben. Noch einmal kurz durchmixen und mit Salz, Pfeffer, Cayennepfeffer und Zitronensaft würzen. Zum Schluß das Oliven- oder Kürbiskernöl unterrühren, in den Kühlschrank stellen.
4. Die Fleischtomate kurz in kochendes Wasser tauchen, häuten, halbieren und die Kerne mit einem Teelöffel entfernen. Das Fruchtfleisch in kleine Würfel schneiden.
5. Die Kaltschale auf Suppenteller verteilen und mit den Tomatenwürfelchen und abgeschnittenen Gartenkresseblättchen garnieren.

Pikante Quark-Joghurtsauce mit Paprika

1 rote Paprikaschote

100 g Speisequark, 20% F. i. Tr.

4–5 EL Milch

3–4 EL Vollmilchjoghurt

Salz, frisch gemahlener Pfeffer

1 Prise Zucker

1/2 TL Paprikapulver, edelsüß

1 gute Prise Cayennepfeffer

1–2 EL Zitronensaft

1. Die Paprikaschote waschen, halbieren und den Stielansatz sowie die Samenkerne entfernen. Die Hälften in kleine Würfel schneiden.
2. Den Quark mit Milch und Joghurt verrühren, mit den Gewürzen und Zitronensaft pikant abschmecken.
3. Die Paprikawürfel unterrühren und zugedeckt im Kühlschrank 30 Minuten durchziehen lassen.

Schnittlauchsauce mit Rahm

1/8 l Crème fraîche

1/8 l saure Sahne

Salz, frisch gemahlener Pfeffer

1 Bund Schnittlauch

1 EL Zitronensaft

1. Die Crème fraîche mit der sauren Sahne verquirlen und mit Salz und Pfeffer abschmecken.
2. Den Schnittlauch in feine Röllchen schneiden und unterrühren. Mit Zitronensaft würzen und etwa 15 Minuten durchziehen lassen.

Mit Frischkäse gefüllte Salatblätter

1 Kopfsalat

250 g Speisequark, 20% F. i. Tr.

100 g Ziegenfrischkäse

Salz

frisch gemahlener weißer Pfeffer

1 Bund Schnittlauch

2 Schalotten

2–3 EL Rotweinessig

1 TL Honig

1/2 TL geschroteter roter Pfeffer

5 EL Pflanzenöl

1. Vom Kopfsalat die äußeren welken Blätter entfernen. Das Innere des Kopfes vorsichtig aufblättern, waschen, das Wasser leicht abschleudern und die Blätter auf einem Tuch ausgebreitet trocknen lassen.
2. Quark und Ziegenfrischkäse miteinander verrühren, mit Salz und Pfeffer würzen und den feingeschnittenen Schnittlauch zugeben.
3. Die Salatblätter mit dieser Quarkmasse füllen, mit den Händen zu kleinen Kugeln formen und auf vier kleinen Tellern anrichten.
4. Die Schalotten schälen und in kleine Würfel schneiden. Mit Essig, Honig und rotem Pfeffer vermischen und das Pflanzenöl unterrühren. Die Marinade über die gefüllten Salatblätter träufeln, die Vorspeise sofort servieren.

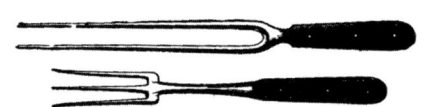

Topfentascherl mit Kräuterfüllung

500 g Magerquark

30 g Butter

2 Eier

Salz

frisch geriebene Muskatnuß

120 g altbackenes Weißbrot, ohne

Rinde frisch gerieben

Für die Füllung:

1 Bund gemischte Frühlingskräuter

1 Schalotte

1 Knoblauchzehe

Außerdem:

40 g Butter

4 EL frisch geriebener Parmesan

1. Den Quark am besten über Nacht auf einem Sieb abtropfen lassen.
2. Am nächsten Tag die Butter cremig rühren, die Eier dazugeben und schaumig aufschlagen. Dann den gut abgetropften Quark daruntermischen und mit Salz und frisch geriebener Muskatnuß würzen. Etwa 20 Minuten ruhen lassen, dabei gelegentlich kräftig durchschlagen. Das geriebene Weißbrot unterrühren und noch weitere 30 Minuten ruhen lassen.
3. Die Kräuter waschen, die Blättchen von den harten Stengeln zupfen und

fein hacken. Die Schalotte und die Knoblauchzehe schälen, ebenfalls fein hacken. Reichlich Salzwasser in einem breiten Topf zum Kochen bringen.
4. Ein angefeuchtetes Tuch ausbreiten, aus dem Quarkteig 6 Knödel formen und auf eine Hälfte des Tuches setzen. Die andere Tuchhälfte darüberschlagen und die Knödel dazwischen zu Scheiben von etwa 12 cm Durchmesser flachdrücken. Dann das Tuch von der Oberfläche abziehen und jeweils etwas von der Kräutermischung in die Mitte jeder Quarkscheibe setzen. Die Plätzchen in der Mitte zusammenklappen und in leise siedendem Salzwasser in 5–6 Minuten garziehen lassen.
5. Die Butter in einer Pfanne aufschäumen lassen. Die Quarktascherl mit dem Schaumlöffel herausnehmen, abtropfen lassen und auf vier Teller verteilen. Die heiße Butter darübergießen und mit Käse bestreut servieren.

ALFONS SCHUHBECK

Wenn Sie vergessen haben sollten, den Quark über Nacht abtropfen zu lassen, dann packen Sie ihn in ein Mullsäckchen und schleudern ihn in einer Salatschleuder so lange, bis die überflüssige Molke entfernt ist.

Quarknudeln mit Faßlkrautsalat

Für die Quarknudeln:

500 g Magerquark

150 g Mehl

2 Eier

1 EL frisch gehackte Petersilie

1 EL frisch gehackter Kerbel

Salz

frisch gemahlener Pfeffer

1/8 l Sahne

ca. 50 g Sesamsamen

2–3 EL Butterschmalz

ca. 1/2 TL frisch gemahlene

Korianderkörner

Für den Salat:

500 g frisches Faßlkraut (Sauerkraut vom Faß)

2 EL Rosinen

4 EL halbtrockener Weißwein

100 g weiße Trauben

50 g blaue Trauben

30 g gehobelte Haselnüsse

frisch gemahlener Pfeffer

1 Prise Cayennepfeffer

3 EL Pflanzenöl

1 EL Nußöl

1. Den Quark auf ein eventuell mit einem Tuch ausgelegtes feinmaschiges Sieb geben und über Nacht im Kühlschrank abtropfen lassen.

2. Am nächsten Tag den trockenen Quark in eine Schüssel stürzen, das Mehl darübersieben, die Eier und die Kräuter zugeben, mit Salz und Pfeffer würzen und rasch zu einem glatten Teig verkneten.

3. Aus dem Teig 3–4 cm lange, kleinfingerdicke Rollen formen. Diese zuerst in der Sahne wenden, dann in den Sesamkörnern wälzen.

4. Das Butterschmalz in einer Pfanne erhitzen und die Quarknudeln bei mittlerer Hitze rundherum in 8–10 Minuten goldbraun braten. Dabei die frisch gemahlenen Korianderkörnern zum Würzen darüberstreuen.

5. Für den Faßlkrautsalat die Rosinen etwa 15 Minuten in Wein marinieren. Das Sauerkraut probieren, ob es nicht zu sauer oder zu salzig ist, eventuell ganz kurz waschen. Das Kraut kleinschneiden.

6. Die Weintrauben halbieren und, falls nötig, entkernen. Die Haselnußblättchen in einer Pfanne goldbraun rösten. Trauben, Nüsse und marinierte Rosinen mit Marinierflüssigkeit unter das Sauerkraut mischen. Mit Pfeffer, Cayennepfeffer und eventuell noch etwas Salz abschmecken. Mit beiden Ölen übergießen und gründlich vermischen. Den Salat etwa 30 Minuten durchziehen lassen, dann leicht angewärmt zu den Quarknudeln servieren.

Weinempfehlung:

Ein traditioneller Rheingau-Riesling Kabinett, Jahrgang 1992 mit einer feinherben, ausdrucksstarken Art, ist ein passender Begleiter zu diesem einfachen, dennoch raffinierten Gericht. Das intensive Fruchtaroma des Rieslings harmoniert am besten mit dem süß-säuerlichen Krautsalat. Das 35 ha große Weingut von Robert Weil baut zu 96% die Edelrebsorte Riesling an. Schon seit dem letzten Jahrhundert zählt Robert Weil zu den Spitzenweingütern, dessen Kiedricher Riesling beispielsweise einer der Lieblingsweine von Kaiser Wilhelm II. war.

Alfons Schuhbeck

Ganz wichtig für das Gelingen dieses Gerichtes ist, daß man den Quark über Nacht gründlich abtropfen läßt. Ist der Quark zu feucht, muß die Mehlmenge erhöht werden und dadurch geht viel vom feinen, leicht säuerlichen Topfengeschmack verloren.

*

Der Koriander gibt dem einfachen Essen, das ich noch von meiner Mutter her kenne, eine interessante Note. Früher wurde gekochtes Sauerkraut dazu serviert – und die Nudeln nicht in Sesam gewendet.

Faßlkraut und Sauerkohl

Der Kohl, vor allem als Sauerkohl, ist ein wichtiges Standbein der deutschen Küchen. Obwohl die eigentlichen Erfinder des eingesalzenen Gemüses die Chinesen waren. Von ihnen lernten es – so ist zu vermuten – auch die Schlesier, die alle möglichen Gemüsearten in ihre Gärtöpfe packen. Früher wurde überall von jedem ländlichen Haushalt im Herbst Sauerkraut selbst hergestellt. Dazu wurden die Kohlköpfe gehobelt und in große Holzfässer abwechselnd mit Salz eingeschichtet. In 4 bis 6 Wochen vergären die Milchsäurebakterien, die damals von selbst mit in

den Topf kamen, heute bei der Großproduktion als Reinkulturen zugesetzt werden, das Kraut. Dabei bleiben erstaunlicherweise die wertvollen Stoffe des Kohls besser als bei jeder anderen Konservierungsmethode erhalten. Werden die Milchsäurebakterien nicht durch Hitze – wie es beim Sauerkraut in Dosen gemacht wird – zum Absterben gebracht, so entwickelt das Kraut bei längerer Lagerung immer mehr Säure. Bis ins Frühjahr hinein war es daher früher im Faß so herb und sauer, daß es vor der Zubereitung gewaschen werden mußte, um einen Teil der Säure zu entfernen. Das ist heute selten notwendig, außerdem verliert das Kraut

dabei viele wertvolle Vitamine und Mineralstoffe. Schließlich macht es gerade der hohe Vitamin-C-Gehalt im Winter zum wirksamen Erkältungsschutz und im Frühjahr zum idealen Frühjahrskur-Partner. Deswegen führten es auch die Seefahrer auf ihren Ozeanreisen gegen Skorbut mit sich. Sauerkraut, vor allem rohes, reinigt und entschlackt den Körper und sorgt durch seine Ballaststoffe für eine gute Verdauung. Außerdem enthält es einen Stoff, der beruhigend auf unser vegetatives Nervensystem wirkt. Ja, es soll sogar den Blutdruck senken. Also ein ideales Nahrungsmittel für die modernen streßgeplagten Menschen.

Würziges mit Käse

Der Käs darf alles

Es gibt so Lebensmittel, denen ich neidisch bin. Richtig neidisch. Riechen S' mal an meinem Hemdsärmel. Gut, gell? – Ja, aber was des kost', bis des so gut riecht! Waschmittel, Weichspüler, Wasser, Strom, Körpermilch, Deostift, Parfüm. Kommt man leicht auf 30 Mark, die Arbeitszeit vom Bügeln und das T-Shirt an sich gar nicht mitgerechnet! Wir geben wahnsinnig viel Geld aus für des, was gut riecht.

Ein Parfüm kost' leicht ab 70 Mark aufwärts. Frauen besonders – auch für das, was angeblich schön macht: Kosmetik mit Liposomen, Dampfmasken, Gurkenpeeling, Laserliftung, Zellulitispackungen … was weiß ich. – Unsummen!

Sehen Sie, und deshalb bin i neidisch auf den Kas. A Kas derf ois! Pardon: Ein Käse darf alles (für die Nichtbayern). Der Käse ist der Altrocker unter den Lebensmitteln. Ich find's schad', daß ich kein Kas bin. Ich kann Ihnen höchstens an Kas verzähl'n. Des hat sich bewahrheitet: Je mehr Kas man verzählt, desto mehr verdient man, des sieht man an den Politikern oder an der Werbung. Was die für einen Riesenkas erzähl'n! Und was für a Anerkennung die krieg'n! Unhaltbar.

Der Wert des Nichts

Zurück zum Käse vom Fuß der Alpen. Punkt 1: Wenn Sie Löcher in den Socken hätten … unmöglich! Ein Emmentaler derf des. Das Nichts dieser Löcher charakterisiert den Emmentaler erst als solchen. Im Gegenteil: Ein Emmentaler ohne Löcher ist praktisch nix. Und erst mit dem Nix ist er wer. Alles ist andersrum. Und diese Löcher sind? Gasaustrittsöffnungen.

Samma bei Punkt 2: Ein Käse darf Gase entlassen. Dazu muß ich ja wohl nix mehr sagen, ne?

Punkt 3: Rasseln derf er. Ja sogar stinken! Das dürfen wir nie, das ist verboten! Die Anerkennung für etwas, das rasselt, stellt sich, sagen wir mal, bei einem Penner nicht ein. Da macht ma an Bogen, hält Abstand und sagt »Iiiih!« – Bei am Kas sagt man anerkennend: »Baaah, der hat vielleicht ein Aroma!«

Der Wert der Reife

Punkt 4: Je älter der Kas wird, desto reifer wird er. Des is beim Mensch auch so. Aber was soll er dauernd? Jung ausschauen. A Kas braucht keine Liposome, a Kas braucht nur alt wer'n. A junger Kas interessiert koan. Alles is genau andersrum. Versuchen Sie doch amal, an Kas mit Gurkenpeeling aufzupäppeln. Da tät er sich schön bedanken, der Käse. Schreien tät er: »Lasst's mi oid wern, sonst nimmt mi koaner!«

Und wir schreien immer: »Laß mi jung bleiben, laß mi jung bleiben!«

Da gibt's so viele Parallelen zwischen Mensch und Käse, die uns gar nicht richtig klar sind – die müssen amal aufgezeigt wer'n!

Der Käse muß reifen. Er muß sich entwickeln. Des muß der Mensch auch. Sein Anfangsstadium ist gestockte Milch. Beim Käse mein ich. Aber des is beim Menschen ähnlich. Unreife Männer zum Beispiel san doch verstockte Milchbubis. Und des bleibens oft a Leben lang. Mit manchen hab ich richtig Mitleid. Die, wenn ich mir anschau', denk' ich: Katastrophe! Von der Evolution total im Stich gelassen!

Der Käse als Leitbild

Und deswegen sage ich: Der Mensch
soll sich ein Beispiel am Käse nehmen.
Wie schnell sich der entwickelt! Da
hält keiner von uns mit. Der Käse könnt'
sozusagen eine Leitbildfunktion haben.
Der Käse als Vorbild – für den Menschen. Jawohl!
Der Romadur als Leitfigur.

Ich sag ja jetzt nicht, daß der Mensch
dauernd stinken können soll. Ich
will das auch nicht. Aber sich selber
sein dürfen sollt' er schon können und
für seine Reife Anerkennung finden –
ohne Liposome und Gurkenpeeling und
Porsche.

Es bleibt dabei: A Kas derf ois!
Löcher derf er ham, stinka derf er, blau-
schimmlig derf er sei und alt derf er
wer'n.
Und deswegen bin i dem Kas neidisch! Basta.

29

Gratinierte Käsetaler mit Tomaten und Kräutern

1/2 l Milch

50 g Butter

Salz, frisch gemahlener Pfeffer

frisch geriebene Muskatnuß

75 g Hartweizengrieß

2 Eigelb

1 Ei

150 g Weichkäse (mind. 45% F. i. Tr.)

2 EL geriebener Hartkäse,
z. B. Emmentaler

2 Fleischtomaten

2 EL gehackte gemischte Kräuter
(Petersilie, Thymian, Basilikum)

1 EL Semmelbrösel

1. Die Milch mit 30 g Butter, Salz, Pfeffer und Muskat aufkochen. Den Grieß einstreuen und unter Rühren kurz kochen lassen. Von der Kochplatte nehmen und nach und nach die Eigelb, das ganze Ei und den in kleine Würfel geschnittenen Käse dazugeben. Die Masse etwa 1 1/2 cm dick auf eine geölte Platte oder ein Backblech streichen. Den geriebenen Käse darüberstreuen, festdrücken und die Grießplatte kalt stellen.
2. Die Tomaten überbrühen, häuten, halbieren und entkernen. Das Fruchtfleisch in kleine Würfel schneiden und mit den Kräutern vermischen, mit Salz und Pfeffer würzen.
3. Den Backofen auf 200 °C vorheizen. Aus der Grieß-Käsemasse mit einem runden Ausstechförmchen Taler im Durchmesser von 6 cm ausstechen und schuppenförmig in eine mit Butter gefettete Auflaufform setzen. Mit Toma-

ten-Kräutermischung und Semmelbröseln bestreuen und mit der restlichen Butter in kleinen Flocken belegen. Im heißen Backofen wenige Minuten goldbraun überbacken.
Dazu paßt buntgemischter Salat.

Weinempfehlung:
Ein junger fruchtiger Riesling wie der 92er Hochheimer Königin Victoriaberg vom Weingut Hupfeld unterstreicht durch seinen halbtrockenen Ausbau das Käsearoma, ohne die Frische der Tomaten und Kräuter zu übertönen.

Pfannkuchen mit Mangold-Käsefüllung

Für die Pfannkuchen:

150 g Mehl

gut 1/4 l Milch

4 Eier

1 EL flüssige Butter

Salz

1 EL gehackte Petersilie

Butter zum Braten

Für die Füllung:

500 g Mangold

1 Knoblauchzehe

80 g Butter

Salz, frisch gemahlener Pfeffer

frisch geriebene Muskatnuß

350 g Butterkäse, eventuell
mit Knoblauchgeschmack

3 EL Semmelbrösel

1. Mehl und Milch glattrühren, nach und nach die Eier und flüssige Butter dazugeben. Salzen und den Teig kräftig durchrühren. Durch ein Sieb streichen und mindestens 15 Minuten ruhen

lassen. Anschließend gleichgroße Pfannkuchen aus dem Teig backen, nebeneinander abkühlen lassen.
2. Mangold waschen, gut abtropfen lassen und in feine Streifen schneiden. Die geschälte Knoblauchzehe fein hacken. 40 g Butter in einem Topf zerlassen, die Knoblauchzehe glasig dünsten, die Mangoldstreifen dazugeben, kurz durchschwenken und mit Salz, Pfeffer und Muskat würzen. Den Backofen auf 180 °C vorheizen.
3. Den Käse in kleine Würfel schneiden und mit den abgekühlten Mangoldstreifen vermischen. Pfannkuchen damit füllen, aufrollen und in eine flache, gefettete Auflaufform schichten. Mit Semmelbröseln bestreuen und mit der restlichen Butter in kleinen Flocken belegen. Im heißen Backofen etwa 10 Minuten überbacken.

Weinempfehlung:
Ein Wein mit ausreichender Fülle und reifem Bukett wie die trocken ausgebaute 90er Riesling Spätlese Hochheimer Königin Victoriaberg vom Weingut Hupfeld im Rheingau rundet diese würzige Speise sehr gut ab.
Der Name Königin Victoriaberg beruht auf einer Sternstunde des Weingutes vor 150 Jahren. 1845 besuchte Königin Victoria von England einen Weinberg in Hochheim und war von der Qualität des Weines so beeindruckt, daß sie gestattete, den etwa 5 ha großen Weinberg »Königin Victoriaberg« zu nennen.

ALFONS SCHUHBECK

Nehmen Sie für die gratinierten Käsetaler unbedingt den kleberreichen Hartweizengrieß, nur damit hält die Masse zusammen und die Taler bleiben in Form. Weichweizengrieß eignet sich für süße Grießspeisen, die locker und cremig sein sollen.

Würzige Käsepavesen

ca. 300 g Räucherschinkenkäse

24 dünne Scheiben Stangenweißbrot

ca. 200 ml Milch

2 Eier

4 Sardellen, in Öl eingelegt

8 entkernte, schwarze Oliven

ca. 50 g Semmelbrösel

Butterschmalz zum Ausbacken

1. Den Käse zunächst in 1 cm dicke Scheiben, dann auf die Größe der Weißbrotscheiben zurechtschneiden.
2. Milch und Eier verquirlen, Weißbrotscheiben damit tränken. Sardellen und Oliven fein hacken, vermischen.
3. Die Hälfte der Brotscheiben mit Käse belegen, etwas von der Sardellen-Olivenmischung daraufgeben und mit den restlichen Brotscheiben bedecken. Die Brote in Semmelbröseln wenden und im heißen Butterschmalz auf beiden Seiten goldbraun braten.
4. Auf einem Gitter oder auf Küchenkrepp abtropfen lassen und mit einem Salat servieren.

Weinempfehlung:

Nur ein kräftiger Wein mit ausgeprägter Säure kann dieser würzigen Fülle Paroli bieten. Der 91er Riesling Kabinett Königin Victoriaberg vom Weingut Hupfeld verfügt, auch durch seine geringe Restsüße, über die nötige Kraft, ohne daß der Wein zu wuchtig wäre.

ALFONS SCHUHBECK

Die pikante Abwandlung der Armen Ritter kann man mit Salat als warme Mahlzeit servieren – oder als herzhaften Imbiß bei Partys. Servieren Sie sie auch einmal nur so – zu einem Gläschen Wein oder einem kühlen Pils.

Gratinierte Eiernudeln

Nudelteig:

300 g Mehl

150 g Hartweizengrieß

3 Eier

3 Eigelb

1 EL Öl

Salz

frisch geriebene Muskatnuß

Mehl zum Ausrollen

Außerdem:

1 Stange Lauch

1 Möhre

300 g milder Edelpilzkäse

150 ml Sahne

1 kleine Knoblauchzehe

Salz, frisch gemahlener Pfeffer

1 Eigelb

2 EL gehackte Petersilie

1. Aus den ersten Zutaten den Nudelteig zubereiten. Gut durchkneten, zu einer Kugel formen und mit Frischhaltefolie umhüllt 30 Minuten ruhen lassen.
2. Vom Lauch die Wurzeln und das grüne Ende entfernen, die Stange längs halbieren. Gründlich waschen und die Hälften in 1/2 cm breite Streifen schneiden. Die Möhre waschen, schälen und erst der Länge nach in Scheiben, dann in feine Streifen schneiden. Beide Gemüse in kochendem Salzwasser kurz blanchieren und in Eiswasser abschrecken.
3. Den Käse in kleine Würfel schneiden. Sahne aufkochen, die geschälte Knoblauchzehe durch eine Presse dazudrücken, mit Salz und Pfeffer würzen. Die Hälfte von den Käsewürfeln dazugeben und unter ständigem Rühren auflösen lassen. Den Backofen auf 200 °C vorheizen.

4. Den Nudelteig auf leicht bemehlter Arbeitsfläche dünn ausrollen und in etwa 2 cm breite Streifen schneiden. In reichlich kochendem Salzwasser nur 4–6 Minuten garen, auf ein Nudelsieb schütten und mit heißem Wasser überbrausen. Gut abtropfen lassen, dann mit der heißen Käsesauce vermischen. Gemüse, Eigelb sowie die gehackte Petersilie dazugeben und noch einmal würzig abschmecken.
5. Die Nudelmischung auf vier tiefe Teller verteilen, mit den restlichen Käsewürfeln bestreuen und im heißen Backofen, wenn möglich noch mit dazugeschalteter Oberhitze, kurz überbacken (oder unterm Grill gratinieren).

Käsesoufflé

250 g mehligkochende Kartoffeln

30 g Butter

2 EL Sahne

Salz, frisch gemahlener Pfeffer

frisch geriebene Muskatnuß

3 Eier

80 g frisch geriebener Emmentaler

1. Die Kartoffeln als Pellkartoffeln garen, abgießen und noch heiß pellen. Gleich durch eine Kartoffelpresse drücken und etwas ausdampfen lassen. Die Butter und die Sahne dazugeben und zu einer glatten Masse verrühren. Mit Salz, Pfeffer und Muskat würzen.

2. Den Backofen auf 180 °C vorheizen. Die Eier trennen, Eigelb und zwei Drittel von dem geriebenen Emmentaler unter die Kartoffelmasse rühren.

3. Die Eiweiß zu steifem Schnee schlagen und locker und gleichmäßig unter die Kartoffel-Käsemasse heben.

4. Vier Portions-Souffléförmchen mit Butter ausstreichen, die Kartoffelmasse einfüllen, so daß noch genügend Platz zum Aufgehen bleibt, und mit dem restlichen Käse bestreuen. Im heißen Backofen 20 Minuten backen.

ALFONS SCHUHBECK

Wenn Sie wenig Zeit haben, können Sie die gratinierten Eiernudeln auch mit fertig gekauften Teigwaren zubereiten – aber nur Nudeln bester Qualität auswählen. Mittlerweile bieten immer mehr Hersteller frische Eiernudeln an, die man zum Teil auch schon im Kühlregal der Supermärkte findet.

*

Die Käsesoufflés sind eine ungewöhnliche Beilage zu Fleischspeisen – oder mit Salat für 2 Personen auch eine sättigende Hauptmahlzeit.

Würzige Edelpilzkäsekugeln

250 g Magerquark

500 g Edelpilzkäse

3–4 EL Sahne

Salz, frisch gemahlener Pfeffer

150 g altbackener Pumpernickel

1/2 Bund Petersilie

1/2 Bund Kerbel

5 Blätter Basilikum

1. Den Quark – am besten über Nacht – auf einem Sieb abtropfen lassen. Aus dem Edelpilzkäse 16 kleine, etwa zentimetergroße Würfel schneiden und kalt stellen.
2. Den restlichen Edelpilzkäse mit der Gabel fein zerdrücken und mit dem abgetropften Quark und der Sahne verrühren. Mit wenig Salz und reichlich Pfeffer würzig abschmecken.
3. Die Käsewürfel mit der Quark-Käsecreme umhüllen und zu Kugeln formen. Erneut kalt stellen.
4. Den Pumpernickel reiben und die Kräuter hacken. Die Hälfte der Kugeln in den Brotbröseln und die andere Hälfte in den Kräutern wenden. Nicht zu kalt servieren.

ALFONS SCHUHBECK

Der Edelpilzkäse sollte nicht zu weich und reif sein, sonst läßt sich die Masse nicht gut formen. Vorsicht mit Salz und Pfeffer, der Käse gibt schon genug Würze ab, so daß Sie oft ganz auf Salz verzichten können.

Nockerl von Ziegenkäse auf Traubensalat

Für die Käsenockerl:

250 g Ziegenfrischkäse

100 ml Sahne

Salz, frisch gemahlener weißer Pfeffer

frisch geriebene Muskatnuß

etwas Cayennepfeffer

2 EL feingeschnittener Schnittlauch

Für den Salat:

je 100 g blaue und weiße Trauben

2 EL dünnflüssiger Tannenhonig

1 EL Balsamessig

1 TL Zitronensaft

1 TL geschroteter roter Pfeffer

2 EL flüssige Butter

1. Ziegenfrischkäse mit Sahne glattrühren und mit Salz, Pfeffer, Muskat und einer guten Prise Cayennepfeffer pikant abschmecken. Zum Schluß den Schnittlauch unterrühren. Mit zwei nassen Teelöffeln Nockerl abstechen und auf Tellern anrichten.
2. Die Trauben waschen, halbieren und, falls nötig, entkernen.
3. Honig, Balsamessig und Zitronensaft verrühren, den roten Pfeffer dazugeben und die Butter tröpfchenweise unterschlagen. Die Trauben mit der Marinade begießen und gründlich vermischen. Den Salat kurz durchziehen lassen, dann die Nockerl damit umkränzen und gut gekühlt servieren.

Artischockenböden mit Käsefüllung

8 gekochte, eingelegte Artischockenböden

Fett für die Form

400 g mehligkochende Kartoffeln

Salz

200 g Butterkäse

2 Tomaten

50 g Butter

ca. 1/8 l heiße Milch

frisch geriebene Muskatnuß

4 schwarze Oliven

einige Basilikumblätter

1. Die eingelegten Artischockenböden nebeneinander in eine gefettete, feuerfeste Form legen.
2. Die Kartoffeln schälen, vierteln und in wenig Salzwasser gar kochen.
3. Den Butterkäse in kleine Würfel schneiden. Die Tomaten überbrühen, häuten, halbieren und die Kerne entfernen. Das Fruchtfleisch ebenfalls in Würfel schneiden. Den Backofen auf 180 °C vorheizen.
4. Die Kartoffeln mit einem Kartoffelstampfer zerdrücken. Die Butter in kleinen Flocken, danach die Milch zugeben, gut durchschlagen und mit Salz und Muskat würzen.
5. Die entkernten Oliven und die gewaschenen Basilikumblätter fein hacken, mit den Tomaten- und Käsewürfeln unter das Püree mischen. Noch einmal würzig abschmecken und mit einem Teelöffel über die Artischockenböden verteilen.
6. Im heißen Backofen auf der mittleren Schiene 12–15 Minuten goldbraun überbacken.
Dazu paßt Tomatensauce und ein grüner Salat mit vielen frischen Kräutern.

Rotweinbirnen mit Käsesabayon

4 gleichgroße Birnen

1/2 l Rotwein

100 ml roter Portwein

150 g Zucker

Saft von 2 Zitronen

1 Zimtstange

4 cl Birnengeist

200 ml trockener Sekt

4 Eigelb

150 g Zucker

80 g Blauschimmelkäse

1/8 l Sahne

1. Birnen schälen, halbieren und entkernen. Weine, Zucker, Zitronensaft und Zimtstange aufkochen, die Birnen bei schwacher Hitze garen. Zum Schluß den Birnengeist darübergießen, über Nacht im Kochsud marinieren.
2. Die Rotweinbirnen längs in dünne Spalten schneiden und in tiefen Tellern sternförmig anordnen. Grill vorheizen.
3. Für den Sabayon Sekt, Eigelb und Zucker im heißen Wasserbad schaumig schlagen. Den Käse mit der Gabel zerdrücken, mit 3 Eßlöffeln Sahne zu einer glatten Creme verrühren und unter die Eimasse schlagen. Restliche Sahne steif schlagen und unterziehen. Den Käsesabayon über die Birnenspalten verteilen und unter dem heißen Grill wenige Minuten goldbraun gratinieren.

Weinempfehlung:
Zu diesem würzig-süßen Gericht paßt gut ein ebensolcher Wein wie etwa eine 93er Gewürztraminer Spätlese Ruppertsberger Reiterpfad aus dem Weingut Reichsrat von Buhl in Deidesheim mit zartem Rosenduft und feiner, nussiger Note.

Käseeis mit marinierten Himbeeren

350 g Doppelrahm-Frischkäse

700 ml Milch

3 Eigelb

300 g Zucker

50 ml Limettensirup

Saft und abgeriebene Schale von

1 unbehandelten Zitrone

300 g Himbeeren

2 EL Zucker

2 cl Himbeergeist

einige Zitronenmelisseblätter

1. Den Dopperahm-Frischkäse mit der Milch verrühren. Eigelb und Zucker schaumig schlagen, nach und nach die Frischkäsemischung unterrühren. Mit Limettensirup, Zitronensaft und -schale abschmecken.
2. Die Masse in eine längliche Form füllen und einige Stunden im Gefriergerät erstarren lassen.
3. Die Himbeeren entstielen, nur wenn nötig kurz waschen und gut abtropfen lassen. Mit Zucker bestreuen und mit Himbeergeist beträufeln. Zugedeckt mindestens 30 Minuten ziehen lassen.
4. Das nicht zu fest gefrorene Käseeis in Scheiben schneiden und mit marinierten Himbeeren und den Zitronenmelisseblättern garniert servieren.

Feine Käse-Königsküchlein mit Nüssen

500 g Blätterteig

4 Eiweiß

80 g Zucker

50 g Butter

80 g Schnittkäse, z. B. Bergkäse

50 g geröstete Walnüsse

50 g kandierte Kirschen

50 g Rosinen

110 g Mehl

ca. 100 g Aprikosenkonfitüre

ca. 50 g Mandelstifte

1. Den Blätterteig dünn ausrollen. Konische Backformen von 8 cm Durchmesser mit kaltem Wasser ausspülen und mit Blätterteig auskleiden. Restlichen Teig in schmale Streifen schneiden. Backofen auf 180 °C vorheizen.
2. Für die Füllung Eiweiß und Zucker zu Schnee schlagen. Die Butter cremig rühren. Den Käse reiben oder in kleine Würfel schneiden. Walnüsse und kandierte Kirschen grob hacken und mit Rosinen und dem Mehl unter die Butter rühren. Zum Schluß den Eischnee unterziehen und die Masse in die Förmchen füllen. Die Oberfläche gitterförmig mit Blätterteigstreifen belegen. Im heißen Backofen 18–20 Minuten backen.
3. Die Aprikosenkonfitüre erhitzen, die Küchlein damit glasieren und mit den Mandelstiften bestreuen.

Weinempfehlung:
Dieses Käsegericht verlangt einen besonderen Wein. Der Forster Jesuitengarten, eine 92er Riesling Beerenauslese vom Weingut Reichsrat von Buhl mit edler Honigsüße und feingliedrigem Körper, verleiht den Küchlein noch einen besonderen Akzent.

35

Gebackener Frischkäsekuchen

Für den Mürbeteig:

250 g Mehl

1 Prise Salz

60 g Zucker

1 Ei

125 g Butter

Für den Belag:

500 g Frischkäse mit 30% F. i. Tr.

1/2 l saure Sahne

3 Eigelb

40 g Zucker

40 g Magermilchpulver

40 g Mehl

abgeriebene Schale von

1/2 unbehandelten Zitrone

ausgekratztes Mark von

1/2 Vanilleschote

1 Prise Salz

6 Eiweiß

170 g Zucker

Außerdem:

Fett für die Form

Hülsenfrüchte zum Blindbacken

1. Aus den ersten Zutaten rasch einen Mürbeteig kneten und mit Folie umhüllt kalt stellen.
2. Für den Belag Frischkäse, saure Sahne, Eigelb, Zucker, Magermilchpulver, Mehl, Zitronenschale, Vanillemark und Salz gründlich miteinander verrühren. Eiweiß steif schlagen, dabei den Zucker einrieseln lassen und zu cremigem Schnee schlagen.
3. Den Backofen auf 200 °C vorheizen. Den Mürbeteig ausrollen und Boden und Rand einer Springform von

26 cm Durchmesser damit auskleiden. Den Teigboden mehrmals mit einer Gabel einstechen, mit Hülsenfrüchten belegen und 10 Minuten blind backen. Herausnehmen, die Hülsenfrüchte entfernen und den Backofen auf 160 °C zurückschalten.
4. Den Eischnee locker und gleichmäßig unter die Käsecreme heben, auf dem vorgebackenen Mürbeteig verteilen und die Oberfläche glattstreichen. Etwa 90 Minuten backen, dabei nach 15 Minuten die Frischkäsefüllung mit einem Messer entlang des Randes ringsum einschneiden, damit die Oberfläche keine Risse bekommt. Den gebackenen Kuchen vor dem Anschneiden gut auskühlen lassen.

Frischkäsetörtchen auf Brombeersauce

Für den Boden:

200 g Löffelbiskuits

30 g geröstete Mandelblättchen

2 EL Vanillezucker

abgeriebene Schale von

1 unbehandelten Zitrone

90 g weiche Butter

Für den Belag:

200 g Doppelrahm-Frischkäse

Saft und abgeriebene Schale von

2 unbehandelten Zitronen

ausgekratztes Mark von

1/2 Vanilleschote

1 Ei

2 Eigelb

80 g Zucker

1 Blatt Gelatine

150 ml Sahne

250 g Erdbeeren

100 g Aprikosenkonfitüre

Für die Sauce:

200 g Brombeeren

50 g Zucker

3 EL roter Portwein

Saft von 1/2 Zitrone

1. Löffelbiskuits fein reiben und mit Mandelblättchen, Vanillezucker, Zitronenschale und Butter verrühren. Die Masse in kleine Tortenringe von 5 cm Durchmesser drücken und kalt stellen.
2. Den Frischkäse mit Zitronensaft, -schale und Vanillemark glattrühren.
3. Ei, Eigelb und Zucker mit den Schneebesen eines Handrührgerätes schaumig schlagen. Die kalt eingeweichte, warm aufgelöste Gelatine zugeben, unter die Käsemasse rühren. Die Sahne steif schlagen und locker und gleichmäßig unterziehen.
4. Die Käsemasse auf den Törtchenböden verteilen.
5. Erdbeeren waschen, entstielen, halbieren und die Käsecreme damit belegen. Die Konfitüre erhitzen und die Erdbeeren damit glasieren. Mindestens 2 Stunden kalt stellen.
6. Für die Fruchtsauce Brombeeren mit Zucker, Portwein und Zitronensaft aufkochen. Anschließend im Mixer fein pürieren, durch ein Sieb streichen und abkühlen lassen.
7. Die Tortenringe entfernen und die Käsetörtchen mit der Brombeersauce servieren.

Weinempfehlung:
Eine exotisch anmutende Scheurebe Beerenauslese 1993 der Lage Ruppertsberger Reiterpfad vom Weingut Reichsrat von Buhl – extraktreich und trotz großer Fülle nicht zu wuchtig – ist eine perfekte Begleitung zu diesen feinsäuerlich-fruchtigen Törtchen.

Gesundes mit Gemüse

Tomoffel, Hutze und Mau

Eine meiner Lieblingsspeisen ist die Kartoffel – in allen Variationen. Und gestern ham wir mit den Kindern ein Lagerfeuer gemacht und haben dann Kartoffeln hineingeschmissen … Mmmmh! Und da hatte ich so eine dicke, fette Kartoffel in der Hand und hab' über ihre Herkunft nachgedacht, ihre Geschichte und was wohl in 50 Jahren aus ihr geworden sein wird. Sie meinen, Kartoffel bleibt Kartoffel? Der Kartoffel wär's wurscht.

Die Gentechniker, die am Erbgut rumschrauben, sind hochmotivierte Leute. Wissenschaftler sind immer neugierig. Man sagt, die pfuschen dem Lieben Gott ins Handwerk, aber überlegen Sie doch mal, was es da für spannende Möglichkeiten gibt!
Die sind jetzt beispielsweise ganz nah dran, daß sie eine Tomate mit einer Kartoffel kreuzen. Das wär dann praktisch eine »Tomoffel«.
Ich sage: Warum nicht?

Rhabapfel und Gurbel
Ich könnte mir auch einen »Rhabapfel« vorstellen oder eine »Zwirke«, das Kind von Zwiebel und Gurke. Könnt' auch »Gurbel« heißen, je nachdem, welcher Elternteil überwiegt. Oder: »Polze«: Porree und Pilze. Das gäb' ganz neue Geschmacksrichtungen und Zeitersparnis. Spargel und Kohlrabi: »Sparabi«, klingt doch nett! Spinat und Fenchel: »Spinchel«, Möhre und Erbse ergäbe … auch eine gute Mischung, da muß man halt noch nach einer vertretbaren Wortform suchen. Ich meine, wenn schon gepfuscht – dann g'scheit!
Jetzt, wenn man seine Berührungsängste überwindet und das auf die Menschen überträgt, könnte man doch beispielsweise Schlaganfallneigungen weg-genmanipulieren oder sogar ein Gen gegen die Dummheit entwickeln. Super!
Bei Menschenkreuzungen, – ich mein'

jetzt die vorsätzliche wissenschaftliche Kreuzung, nicht platte Fortpflanzung aus Gier – da gäbe es ganz neue Identitäten! Wenn Sie jetzt zum Beispiel die Spanier mit den Schweden – oder die Bayern mit den Türken kreuzen … – die Russen mit den Deutschen und die Österreicher mit die Afrikaner … da tat'n s bei der Fußballweltmeisterschaft ganz schön durcheinanderkommen, wenn da plötzlich die »Spaden« gegen die »Bürken« spielen! Und die »Rutschen« gegen die »Östrikaner«! Da könnt der Baresi wieder auf dem Rasen z'ambrechen und trenzen!

Es lebe das Zamperl
Wunderbar – der ganze depperte National-Wahn ergäb' keinen Sinn mehr. Wenn Sie ernsthaft in Ihren Stammbaum hineinschauen, können Sie die Reinrassigkeit eh vergessen. Da hat jeder von uns mindestens einen Tschechen, Russen, Engländer oder Italiener mit drin. Und die total Reinrassigen sind so degeneriert, daß sie fremde Gene gut vertragen könnten. Sieht man an den Zamperln, die sind intelligenter als alle Pudel. Ich versteh' gar nicht, daß die Leut' immer so gegen ihre Gesundheit denken. Lieber ein robuster Bastard als ein degenerierter Skinhead!
Jetzt denken Sie mal weiter:
Ein Hund mit einer Katze. Da könnten Sie sagen: Wir haben zu Hause zwei

liebe »Hutzen«, die sind zwölf Jahre alt und noch sehr vital und verteidigen das Haus gegen Einbrecher und – Mäuse. Miwau, Miwau!
Das ist kein Schmarr'n, das ist die Zukunft! Und ein »Regenfant« könnt' Ihren zukünftigen Rasen platttreten und gleichzeitig auflockern. Wie der größenmäßig genau aussieht, kann ich jetzt natürlich auch noch nicht sagen.

Aus Mann und Frau wird Mau
Am allerfantastischsten fänd' ich aber die Kreuzung aus Mann und Frau, das »Mau«. Das Mau ist entweder keins von beiden oder beides in einer Person. Auf jeden Fall wär'n wir einen Haufen Probleme los.
Beim Gemüse wäre noch eine Nacktkartoffel in Pommes-frites-Form denkbar. Oder: Eine Tomate, die schon als Ketchup am Strauch wächst und direkt in die Flasche fällt. Oder streichfähige Radieserl? Oder Kinder, die schon mit Abitur auf die Welt kommen. Stellen Sie sich mal diese Vereinfachung vor! Und die wirtschaftlichen Vorteile …
Überhaupt macht mich diese Vielfalt ganz narrisch. Das Gegenteil von Vielfalt ist? – Einfalt. Jawohl. Vorsätzlich. Statt Kartoffel und Tomate »Tomoffel«. Statt Mann und Frau: »Mau«. Hund und Katze: »Hutze«. Wir brauchen nicht so viel: Ein Geschlecht langt, ein Waschmittel, eine Kabarettistin! Das langt doch. Und Menschen, die sich zu einem von ihren Eltern bei der Geburt bereits gewählten Zeitpunkt selbständig und ohne Rückstände auflösen. Das spart uns die ganze Rentendiskussion. Und senkt die Kassenbeiträge. Es lebe die Gentechnologie!

Fladen mit Rote Beten und Ziegenkäse

(als Vorspeise für 4, als Hauptgericht für 2 Personen)

Für den Fladenteig:

250 g Mehl

1/2 TL Salz

10 g Hefe

ca. 1/8 l lauwarmes Wasser

1 TL Pflanzenöl

Für den Belag:

1 große oder 2 kleine Rote Bete

1/2 TL Kümmel

Salz, frisch gemahlener Pfeffer

4 EL Pflanzenöl

2 TL frische Thymianblätter

200 g Ziegenkäse

100 g Butterkäse (50% F. i. Tr.)

1. Mehl mit Salz in eine Schüssel geben, in die Mitte eine Mulde drücken. Die Hefe hineinbröckeln und mit etwas lauwarmem Wasser und ein wenig von dem Mehl verrühren, etwa 15 Minuten gehen lassen. Danach das restliche Wasser und das Öl dazugießen, zu einem glatten Teig verkneten. Zugedeckt an einem warmen Ort etwa 1 Stunde gehen lassen.
2. Die Rote Beten gründlich unter fließendem Wasser bürsten und in wenig Wasser mit Salz und Kümmel 30–45 Minuten garen.
3. Mit kaltem Wasser abschrecken, die Haut abziehen. Die Rüben entweder in dünne Scheiben oder in kleine Würfelchen schneiden. Mit Salz, Pfeffer, 2 EL Öl und 1 TL Thymian marinieren. Die beiden Käsesorten in Würfel schneiden. Den Backofen auf 220 °C (Unterhitze) vorheizen.

4. Aus dem Teig 4 kleine oder 2 große runde Fladen formen, die Ränder sollen etwas dicker sein. Auf ein leicht geöltes Backblech legen. Mit den Rote Beten belegen, die Käsewürfeln darüber verteilen und mit dem restlichen Öl und den Thymianblättern bestreuen.
5. Die Fladen im heißen Backofen, möglichst mit Unterhitze, 15 bis 20 Minuten backen. Sofort heiß servieren.

Weinempfehlung:
Als Begleitung zu diesem vegetarischen Gerichts haben wir uns für einen halbtrockenen Riesling aus dem berühmtesten Rieslinggebiet, dem Rheingau, entschieden. Der 92er Eltviller Langenstück, ein Riesling Kabinett aus dem Weingut Prinz von Hessen, paßt mit seiner angenehmen Restsüße und der pikant- herzhaften Art optimal zu den leicht süßlichen Rüben und dem würzigen Ziegenkäse.

ALFONS SCHUHBECK

Leider gibt es immer weniger Öfen, bei denen man die Ober- und die Unterhitze getrennt regulieren kann. Wenn Sie Ihren Ofen nicht so steuern können, schieben Sie einfach über den Fladen noch 2 Backbleche ein. Auf diese Weise wird der Teigboden knusprig, ohne daß der Käse zu stark bräunt und dabei austrocknet.

Gemüse-Schwammerl-Quiche

300 g Blätterteig

1 dünne Stange Lauch

1 Möhre

1 Zwiebel

50 g Wammerl (durchwachsener Räucherspeck)

250 g gemischte Wald- oder Zuchtpilze

20 g Butter

Salz, frisch gemahlener Pfeffer

1/2 TL frische Thymianblätter

200 ml Sahne

200 ml Milch

3 Eier

frisch geriebene Muskatnuß

1. Blätterteig ausrollen und damit den Boden und 4 cm hoch den Rand einer Springform (28 cm Durchmesser) auskleiden. Die Form kalt stellen.
2. Lauch putzen und waschen, Möhre und Zwiebel schälen, alles in kleine Würfel schneiden. Das Wammerl ebenso würfeln.
3. Die Pilze putzen und, nur wenn nötig, waschen. Die größeren Exemplare kleinschneiden.
4. Wammerlwürfel in einer Pfanne glasig braten, Wurzelgemüse darin anschwitzen. In einer zweiten Pfanne die Butter erhitzen und die Pilze anbraten. Mit Salz, Pfeffer und Thymian würzen, abkühlen lassen. Den Backofen auf 180 °C vorheizen.
5. Das abgekühlte Gemüse und die Pilze auf dem Teig verteilen. Sahne, Milch und Eier verquirlen, würzen und über die Pilz-Gemüsemischung gießen. Im heißen Backofen in 35–40 Minuten goldbraun backen.

43

Kartoffelsalat mit Backpflaumen

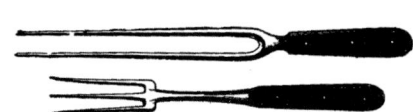

Kartoffelsalat mit Basilikum

800 g festkochende Kartoffeln, z. B.
Sieglinde oder Bamberger Hörnchen

150 g Backpflaumen

2 cl Armagnac

50 g Wammerl

(durchwachsener Räucherspeck)

2 Schalotten

1/4 l Kalbsfond

Salz

frisch gemahlener Pfeffer

1 EL Balsamessig

2 EL Weißweinessig

4 EL Pflanzenöl

1 TL Kerbelblättchen ohne Stengel

1. Die Kartoffeln waschen und in nur wenig Wasser gar kochen. Das Kochwasser abgießen, die Kartoffeln ausdampfen lassen und schälen.
2. Die Backpflaumen in schmale Streifen schneiden, in einen kleinen Topf geben, mit dem Armagnac übergießen und erwärmen. Von der Kochplatte nehmen und mindestens 15 Minuten zugedeckt ziehen lassen.
3. Das Wammerl und die geschälten Schalotten in kleine Würfel schneiden. Wammerlwürfel in einer Pfanne glasig ausbraten, die Schalotten dazugeben und andünsten.
4. Die noch warmen Kartoffeln in dünne Scheiben schneiden, in eine Schüssel füllen und mit den Speck- und Schalottenwürfeln übergießen.
5. Den Kalbsfond mit Salz, Pfeffer und beiden Essigsorten erhitzen, das Öl unterrühren und die Kartoffelscheiben damit beträufeln.
6. Mit einem Salatbesteck alles locker miteinander vermischen und zuletzt die

Backpflaumen samt Einweichflüssigkeit dazugeben. Mindestens 15 Minuten ziehen lassen. Dann, meist wird es nötig sein, noch einmal nachwürzen. Mit frisch abgezupften Kerbelblättern bestreut servieren.

ALFONS SCHUHBECK

Der leicht süßlich-würzige Kartoffelsalat ist eine harmonische Beilage zur honigglasierten Spanferkelschulter von Seite 78, paßt aber auch gut zu Kasseler oder gekochtem Schinken.

600 g festkochende Kartoffeln,
z. B. Sieglinde

1 Zwiebel

7 EL Pflanzenöl

ca. 300 ml gute Fleischbrühe

2 EL Rotweinessig

1–2 EL Weißweinessig

Salz, frisch gemahlener Pfeffer

1 großes Bund Basilikum

1 Knoblauchzehe

1. Die Kartoffeln waschen und in wenig Wasser gar kochen. Das Kochwasser abgießen, die Kartoffeln ausdampfen lassen und schälen.
2. Die Zwiebel schälen und in kleine Würfel schneiden. In 1 EL Öl glasig dünsten und zu den Kartoffeln geben.
3. Die Brühe mit Weiß- und Rotweinessig, Salz, Pfeffer und 2 EL Öl erhitzen, über die Kartoffeln gießen und mit einem Salatbesteck vorsichtig mischen. Kurz ziehen lassen.
4. Die Basilikumblätter von den Stengeln zupfen und mit der geschälten, in Stücke geschnittenen Knoblauchzehe, Salz, Pfeffer und 4 EL Öl im Mörser zerstampfen, bis eine feine Paste entstanden ist. Unter den Kartoffelsalat heben und sofort servieren.

ALFONS SCHUHBECK

Frisches Basilikum ist ein wahres Wunderkraut, es wirkt appetitanregend, verdauungsfördernd, beruhigend und hilft bei Magen- und Darmbeschwerden. Neben dem großen Basilikumkraut gibt es noch eine kleinere, würzigere Sorte.

Kartoffelrolle mit Gemüsefüllung

500 g mehligkochende Kartoffeln

Salz

1 Ei

frisch gemahlener Pfeffer

frisch geriebene Muskatnuß

250 g grüne Bohnen

1 Möhre

1 dünne Lauchstange

30 g Butter

3 EL Sahne

3–4 Zweige frisches Bohnenkraut

etwas Öl für die Folie

1. Die Kartoffeln waschen, schälen, halbieren und in wenig Salzwasser garen. Das Kochwasser abschütten, die Kartoffeln gut ausdampfen lassen und sofort durch eine Kartoffelpresse in eine Schüssel drücken. Ein wenig abkühlen lassen, dann mit dem Ei vermischen und mit Salz, Pfeffer und Muskat würzen.
2. Von den Bohnenschoten die Enden abschneiden, eventuell entfädeln, in Stücke brechen. In kochendem Salzwasser 3 Minuten blanchieren, auf ein Sieb schütten und kurz in eiskaltes Wasser tauchen, herausheben und gut abtropfen lassen.
3. Möhre und Lauch putzen, waschen und in sehr kleine Würfel schneiden. In kochendem Salzwasser bißfest kochen, ebenfalls kalt abschrecken und im Sieb gut abtropfen lassen.
4. Die Butter in einem Topf erhitzen, die abgetropften Bohnen dazugeben, mit Sahne übergießen und zugedeckt weich dünsten. Im Mixer fein pürieren und durch ein Sieb streichen. Das Bohnenpüree soll ziemlich fest sein, ist es noch zu flüssig, dann unter Rühren

noch etwas einkochen lassen. Anschließend den Topf in eine mit Wasser und Eiswürfeln gefüllte Schüssel stellen und das Püree kaltrühren.
5. Das Bohnenkraut fein hacken und mit den Gemüsewürfeln unter das Bohnenpüree mischen.
6. Den Kartoffelteig etwa 1 cm dick auf eine Klarsichtfolie streichen. Das Bohnenpüree auf einer Kantenseite verteilen und, indem man die Folie an dieser Seite anhebt, mit dem Kartoffelteig umhüllen. Die Klarsichtfolie entfernen, die Enden der Teigrolle festdrücken, nun in geölte Alufolie verpacken.
7. In einem breiten Topf reichlich Wasser zum Kochen bringen, die Kartoffelrolle darin 35 Minuten bei schwacher Hitze sanft köcheln lassen. Die Rolle herausnehmen, kurz ruhen lassen, dann auspacken und in Scheiben schneiden.

ALFONS SCHUHBECK

Die gefüllte Kartoffelrolle ist nicht nur eine originelle Beilage zu den geschmorten Haxenfilets von Seite 79, sie paßt auch zu vielen anderen Schmorgerichten.

*

Als Beilage ist sie ideal, wenn man Gäste eingeladen hat – sie läßt sich gut vorbereiten. Kurz vor dem Servieren in Scheiben schneiden und eventuell in wenig Butter auf beiden Seiten leicht anbraten.

Fingernudeln mit Haselnüssen

500 g mehligkochende Kartoffeln

1 Ei

100 g Mehl

Salz

frisch geriebene Muskatnuß

1 Eiweiß

30 g gehobelte Haselnüsse

30 g gemahlene Haselnüsse

ca. 60 g Butterschmalz

1. Die Kartoffeln waschen und in wenig Wasser garen. Das Kochwasser abschütten, die Kartoffeln gut ausdampfen lassen und schälen. Sofort durch eine Kartoffelpresse in eine Schüssel drücken und abkühlen lassen.
2. Das Ei und Mehl zugeben, mit Salz und Muskat würzen. Rasch zu einem glatten Teig kneten.
3. Aus jeweils der Hälfte des Kartoffelteiges eine 1,5 cm dicke Rolle formen, diese in 3 cm lange Stücke teilen und die Enden mit bemehlten Händen spitz zulaufend formen.
4. Das Eiweiß mit einer Gabel etwas anschlagen und auf einen Teller geben.
5. Die Haselnußblättchen mit den geriebenen Nüssen auf einem zweiten Teller vermischen. Die Fingernudeln erst in Eiweiß, dann in den Nüssen wenden und im heißen Butterschmalz rundherum goldbraun braten.
Haselnuß-Fingernudeln passen gut zu allen Schmorbraten.

45

Kohlrabi mit Rindsragout und fritierten Blättern

8 kleine oder 4 große Kohlrabi

Salz

Für das Rindsragout:

500 g Rindfleisch aus der Keule

frisch gemahlener Pfeffer

1 Zwiebel

1 kleine Möhre

1 Stückchen Knollensellerie

2 EL Pflanzenöl

1 Lorbeerblatt

1 Wacholderbeere

1/4 l Fleischbrühe

20 g Butter

1 TL mildes Currypulver

3–4 EL Gemüsefond oder Wasser

2 EL geriebener Käse

1 EL geschlagene Sahne

Fett für die Form

100 g Blätterteig

1 Eigelb

Für den Ausbackteig:

1 Eiweiß

2 EL Mehl

2–3 EL trockener Weißwein

frisch geriebene Muskatnuß

Butterschmalz zum Ausbacken

1. Von den Kohlrabi die Blätter entfernen, aber die inneren, zarten Blätter aufbewahren. Die Knollen schälen und das Innere bis auf einen etwa 1 cm dicken Rand mit einem Kugelausstecher aushöhlen, die Schnipsel aufheben.
2. Die Kohlrabiknollen in kochendem Salzwasser einige Minuten blanchieren. In Eiswasser abschrecken, abtropfen und abkühlen lassen.
3. Für das Ragout das Rindfleisch in etwa 1 cm große Würfel schneiden und mit Salz und Pfeffer würzen. Die Zwiebel, die kleine Möhre und das Stückchen Knollensellerie schälen, alles in sehr kleine Würfelchen schneiden.
4. Das Pflanzenöl in einer Pfanne erhitzen und die Rindfleischwürfel darin kurz anbraten. Die Gemüsewürfel, Lorbeerblatt und Wacholderbeere unterrühren und anrösten. Mit der Fleischbrühe ablöschen, den Bratensatz mit einem Löffel losrühren, bis er sich aufgelöst hat. Das Ragout in wenigen Minuten garschmoren. Den Backofen auf 200 °C vorheizen.
5. Das ausgehöhlte Kohlrabifleisch in der Butter andünsten, das Currypulver darüberstäuben und unterrühren, mit 3–4 EL Gemüsefond oder Wasser ablöschen und zugedeckt weichdünsten. Anschließend zusammen mit dem geriebenen Käse in den Mixer geben und fein pürieren (oder mit dem Pürierstab direkt im Topf mixen), mit Salz und Pfeffer abschmecken. Lorbeerblatt und die Wacholderbeere aus dem Rindsragout fischen. Das Kohlrabipüree und die geschlagene Sahne locker unter das Ragout mischen.
6. Das Rindsragout in die ausgehöhlten Kohlrabi füllen, die Knollen nebeneinander in eine feuerfeste, gefettete Form stellen. Aus dem Blätterteig mit einer Plätzchenform oder einem Glas Kreise, die im Durchmesser etwas größer als die Öffnung der Kohlrabi sein müssen, ausstechen und die Kohlrabi damit verschließen. Die Teigdeckel mit dem verquirlten Eigelb bestreichen. Im heißen Backofen auf mittlerer Schiene ca. 15 Minuten backen.

7. Für den Ausbackteig das Eiweiß steif schlagen, das Mehl und den Wein unterrühren und mit Salz, Pfeffer und Muskat würzen.
8. Die zur Seite gelegten Kohlrabiblätter waschen und mit Küchenkrepp gut trocknen. Die Stiele bis auf ein kurzes Stück entfernen. In einem schmalen, hohen Topf das Backfett erhitzen, bis ein hineingetauchter Holzlöffelstiel kleine Bläschen zeigt. Die Blättchen durch den Ausbackteig ziehen und im heißen Fett knusprig und goldgelb ausbacken, auf Küchenkrepp entfetten.
9. Jeweils 2 gefüllte Kohlrabi auf Tellern anrichten und mit den gebackenen Kohlrabiblättern garnieren.

46

Weinempfehlung:

Eine trockene, körperreiche Riesling Spätlese, Jahrgang 1990, aus dem Weingut Prinz von Hessen im Rheingau ist das passende Getränk zu diesem pikanten Gemüsegericht. Mit über 50 ha Rebfläche gehört das Weingut, das hessische Prinzen und Landgrafen gegründet haben und heute Eigentum der Hessischen Hausstiftung ist, zu den größten renommierten Weingütern in Deutschlands Riesling-Region.

ALFONS SCHUHBECK

Die zarten Herzblätter der Kohlrabiknollen wegzuwerfen wäre nicht nur des Geschmackes, sondern auch der Gesundheit wegen die reinste Sünde. In den grünen Blättern stecken nämlich noch wesentlich mehr wertvolle Inhaltsstoffen als in der Knolle selbst.

Da ich gern Hirschfleisch mag, fülle ich die Kohlrabi auch mal mit einem Hirschgröstl. Dafür mageres Hirschfleisch aus der Keule in kleine Würfel schneiden, in Öl kurz anbraten. Mit einem Schaumlöffel herausnehmen und zur Seite stellen. Zwiebel, Möhre und ein Stück Sellerie anschmoren, etwas Tomatenmark unterrühren, das Fleisch wieder dazugeben und mit Wildfond und Rotwein ablöschen. Mit Salz, Pfeffer, Lorbeerblatt und Wacholder würzen. Bei mittlerer Hitze schmoren lassen. Zum Schluß 1 EL geriebene Zartbitterschokolade zum Binden und Würzen unterrühren.

Bunte Salat-schüssel mit Ruccoladressing

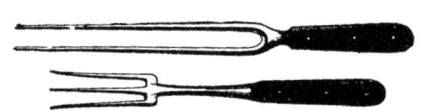

Feldsalat mit Speck- und Apfelwürfeln

200 g gemischte Salatblätter, z. B.

von Kopf-, Frisée-, Eichblattsalat,

Lollo Rosso, Batavia, Radicchio

6 Radieschen

1 Möhre

4 Frühlingszwiebeln

Für die Salatsauce:

1 Bund Ruccola (Rauke)

2 EL Rotweinessig

Salz, frisch gemahlener Pfeffer

4 EL Pflanzenöl

1 EL Nußöl

Außerdem:

2 EL Kürbiskerne

1 EL Öl zum Braten

1. Die Salatblätter waschen und gut trockenschleudern. Radieschen, Möhre und Frühlingszwiebeln waschen, putzen und in dünne Scheiben schneiden. Mit den Salatblättern vermischen und in eine große Schüssel geben.
2. Für die Salatsauce die Ruccolablätter waschen, dickere Stiele entfernen. Die Blätter mit Essig, Salz und Pfeffer im Mixer pürieren. Das Pflanzen- und das Nußöl in dünnem Strahl bei laufendem Gerät dazugießen.
3. Die Kürbiskerne in einer Pfanne in heißem Öl knusprig braten.
4. Die vorbereiteten Salatzutaten mit der Ruccolasauce anmachen, die gerösteten Kürbiskerne darüber streuen und sofort servieren.

Weinempfehlung:

Es ist unter Weinliebhabern und Genießern umstritten, ob man zu einem mit Essig angemachten Salat Wein reichen soll oder nicht. Wem ein frisches Bier dazu schmeckt, der soll es trinken, wer Wasser bevorzugt, liegt auf keinen Fall falsch damit. Wenn es aber Wein sein soll, dann muß dieser schon ein wenig pikant-aromatisch sein, da die Salatsauce sehr würzig-pfeffrig ist.
Der 92er Winkeler Hasensprung, ein Riesling Kabinett trocken vom Weingut Prinz von Hessen, verfügt über die notwendige Fülle, um sich zu dem Salat behaupten zu können.

ALFONS SCHUHBECK

Pürierte Kräuter als Grundlage für eine Salatsauce schmecken nicht nur sehr gut, der Salat wird zusätzlich noch mit vielen Vitaminen und Mineralstoffen angereichert. Sie können zur Abwechslung auch einmal andere gemischte Salatkräuter fein pürieren und zu einem interessanten Dressing verarbeiten.

200 g Feldsalat

1 großer Apfel

80 g Wammerl (durchwachsener Räucherspeck), in dünne Scheiben geschnitten

1 EL Öl zum Braten

1 TL Zucker

2 EL Sonnenblumenkerne

Für die Salatsauce:

2 EL Apfelessig

1 EL Rotweinessig

Salz, frisch gemahlener Pfeffer

3 EL Pflanzenöl

1 EL Nußöl

1. Den Feldsalat gründlich putzen, mehrmals waschen, dann vorsichtig trockenschleudern.
2. Den Apfel schälen, halbieren und entkernen, in Würfel schneiden. Den Räucherspeck ebenso würfeln.
3. Das Öl in einer Pfanne erhitzen und die Speckwürfel darin knusprig braten. Mit einem Schaumlöffel herausnehmen und auf Küchenpapier entfetten. Die Apfelwürfel in das Bratfett geben, mit dem Zucker bestreuen und unter Rühren goldbraun braten. In einer zweiten Pfanne die Sonnenblumenkerne ohne Fettzugabe rösten.
4. Beide Essigsorten mit Salz und Pfeffer so lange verrühren, bis sich das Salz aufgelöst hat. Dann Pflanzen- und Nußöl dazugießen und zu einer cremigen Salatsauce verquirlen.
5. Den vorbereiteten Feldsalat mit dieser Sauce anmachen, auf vier Teller verteilen und mit den Apfel- und Speckwürfeln sowie den Sonnenblumenkernen bestreuen. Gleich servieren.

Knuspriges mit Geflügel

Das Hendl in der Hand ...

Das Wichtigste ist: Nicht mit den Fingern essen! Nicht schmatzen! Ellenbogen runter vom Tisch! Nicht mit'm Besteck rumfuchteln – und vor allem: Nie mit vollem Mund sprechen! Das sind die wichtigsten Regeln. Wenn Sie die einhalten, gehören Sie schon zu »de Leit«, also zur besseren Gesellschaft, wer immer das auch sein mag, ansonsten sind Sie ein Underdog ohne Kinderstube. Klar? – O.K.

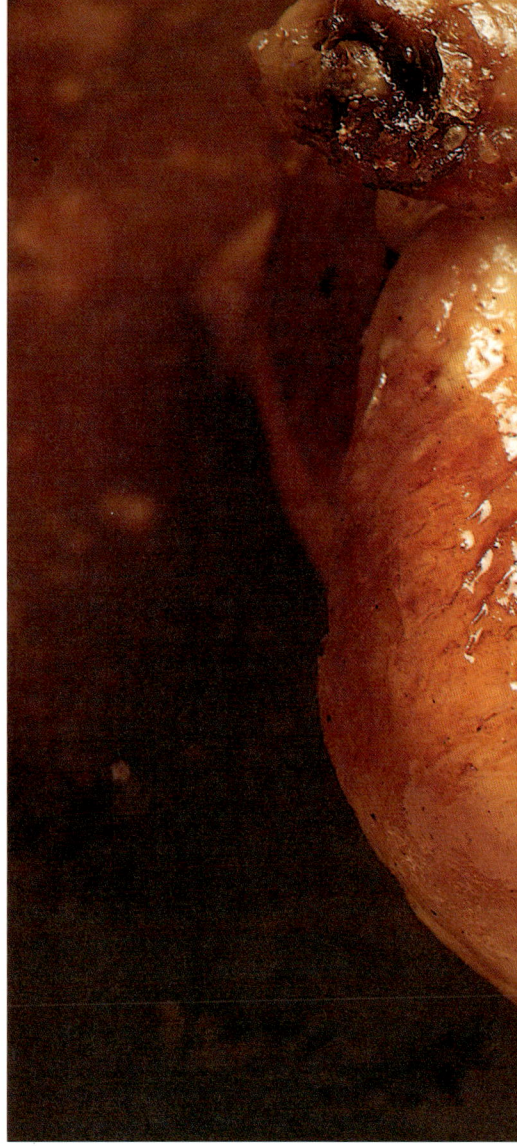

Fürs Hendl gilt des alles nicht, Gott sei Dank! Ein Hendl mit Messer und Gabel zu essen wär' ein Verrat an der gesamten bayrischen Idee.

Ich hab' ein Tischsitten-Trauma. Sie auch? Mein Gott, einen Haß hab' ich auf meine Mama g'habt ... und sie auf mich, weil sie mir wie jede normale Mutter Tischmanieren beibringen wollt' und ich wie jedes normale Kind dagegen rebelliert hab'.

Natürlich bin ich ihr jetzt dankbar, weil ich auch bei einem Staatsdinner ohne Probleme die dritte Gabel von links aus insgesamt zehn Teilen als Hummer- oder Schneckenzange identifizieren kann. Jaah, des is net so einfach, und bei einem genauen Blick ringsherum kann man feststellen, daß sich die Andern auch nicht so eindeutig über den Zweck der Schneckenzange im Klaren sind. Oder darüber, ob man von links innen, von oben oder von rechts außen bei der Besteckansammlung anfangt.

»Wie ißt man des?« hab ich die Gattin vom Stadtrat X, die mit einem fliederfarbenen Seidenkleid und einer riesigen rosa Schleifen an ihrem Allerwertesten, für den es besser gewesen wär, ihn nicht so arg zu betonen, hab' ich die ihr'm Mann ins Ohr zischen hör'n. »Zweite Gabel von rechts, die kleine. Vorher mit de Händ' aufknacken!« – »Mit de Händ'?« – »Jaa. In dem Fall derf ma des!«

Eben. Und beim Hendl darf man das auch. Ganz offiziell. Auch darf man die Kartoffel durchaus mit dem Messer zersäbeln, weil selbiges aus zeitgemäßem Material ist und nicht mehr anlaufen kann wie anno dazumal. Veraltete Regel, überflüssig. Sie sehen, ich weiß Bescheid.

Der fortgesetzte Sittendrill

Das hat mich auch genug Nerven gekostet, wie gesagt. Jahrelanger Drill. Jetzt rebelliere ich manchmal, so aus Vergnügen gegen mich selbst beziehungsweise gegen meine Mutter in mir ... natürlich nur, wenn's keiner sieht. Vor allem mein Sohn nicht. Tut mir richtig leid, der arme Kerl. Jeden Tag hör' ich mich das gleiche sagen: »Sitz' grad, iß ordentlich, net zwei Zentimeter über'm Tellerrand, Gabel runter, nicht schlürfen!« Und wenn er mich dann ganz giftig anschaut, wie ich damals meine Mutter, und »Hach!!« sagt, kommt mir mein ganzes Tischsitten-Trauma wieder hoch und ich frag' mich echt: Hat man das Recht, so einen armen Wurm so zu quälen mit dem Schmarr'n? Soll man nicht einfach vertrauen in seine eigene Qualität als Vorbild ... und in die seine, als guter kleiner Aff' sich des abzuschau'n mit der Zeit und ihn zu lassen, wenn er kein'n Bock hat? Und dann sag' ich mir: Laß doch an jeden fressen wie er mag! – Aber des geht net. Die gute

Erziehung sitzt in Fleisch und Blut. Ich werd' sauer, wenn Gäste das Hineinschlingen anfangen, bevor die Hausfrau am Tisch sitzt. Und ich kann's nicht anschau'n, wenn jemand schmatzend zwei Zentimeter über der Spaghettischüssel hängt wie ein Hund.

Die Lust auf Sauerei

Dabei hat jeder dieses Grundbedürfnis nach Sauerei. Darin liegt ja auch der Erfolg von McDonald's: Ob Politiker oder Klofrau, jeder kämpft genußvoll mit dieser aus dem Fischmac quillenden Masse. Außerdem wandeln sich die Tischsitten alle hundert Jahr'! Bei den Wikingern ham s' den Met aus

den Totenschädeln ihrer erschlagenen Gegner getrunken. Und wenn Sie heute im Bayrischen Hof in München den Rat unsres deutschen Religionsstifters befolgen würden: »Warum rülpset und furzet Ihr nicht? – Hat es Euch nicht geschmecket?«, tät' man Sie umgehend aus dem Lokal werfen.

Martin Luther!

Es ist nicht einfach. Über Tischsitten wird täglich in ganz Deutschland gestritten. Meine Freundin hat ihrem Liebhaber einen Teller Ravioli aufs nagelneue Jackett gekippt, weil sie sein Geschlunze nicht mehr ertragen hat. »Da vergeht ei'm doch des Genießen, wenn einer so frißt!« hat sie gesagt.

Man könnt' ja diese dauernden Dispute über Tischsitten mit folgendem Wochenplan vermeiden:

Montag: Stinkt sowieso jedem – ist Spießer-, Schimpf- und Meckertag. Da darf jeder jedem fortwährend sagen, was er nicht mag.

Dienstag: Hendl-Brotzeit oder McDonald's-Drive-In-Tag. Kinder kriegen Coco-Pops, Kinderei, Pommes frites und Ketchup.

Mittwoch: Üben für Donnerstag.

Donnerstag: »Kulturtag« mit Kerzenlicht und Knigge, schönem Geschirr und Mutti in der Spitzenbluse.

Freitag: Fastentag mit Obst. Da kommt man ohne Tischsitten und Besteck aus.

Samstag: Ritterfest – da darf jeder alles, auch die Gläser und Knochen hinter sich werfen. Das befreit.

Sonntag: Normale Kompromisse. Der Papa streicht den Gartenzaun, die Mama bügelt und die Kinder schauen Sesamstraße.

Und so ging' die Woche friedlich zu Ende …

Ich weiß nicht … Ich weiß nur eins: Ich bin froh, daß es das Hendl gibt. Wo man alles darf!

53

Hähnchen mit Rosenkohl und Kastanien gefüllt

1 Hähnchen von 1,3 kg

Salz, frisch gemahlener Pfeffer

100 g Rosenkohl

1 kleine Zwiebel

20 g Butter

100 g geschälte und gekochte

Edelkastanien

1 Prise Zucker

150 g Kalbsbrät

80 g geräucherte Rinderzunge

2 EL gehackte Petersilie

abgeriebene Schale von

1/4 unbehandelten Zitrone

frisch geriebene Muskatnuß

1 Möhre

2 Schalotten

2 EL Pflanzenöl zum Braten

10 g Butter

1–2 EL Akazienhonig

1/4 l Geflügelbrühe

1. Das Hähnchen waschen und mit Küchenkrepp trocknen. Innen und außen mit Salz und Pfeffer einreiben. Den Backofen auf 180 °C vorheizen.
2. Rosenkohl putzen. Die Zwiebel schälen, in kleine Würfel schneiden und in der Butter glasig dünsten. Rosenkohl, Kastanien und eine Prise Zucker dazugeben und unter Rühren anschmoren. Von der Kochplatte nehmen und abkühlen lassen.
3. Rosenkohl und Kastanien mit dem Kalbsbrät, der in Würfel geschnittenen Zunge und der Petersilie vermischen. Mit Salz, Pfeffer, Zitronenschale und

Muskatnuß würzen, die Mischung in das Hähnchen füllen. Die Öffnung mit einem Zahnstocher zustecken. Möhre und Schalotten schälen und in Stücke schneiden.
4. Öl und Butter in einer Bratreine erhitzen und das Hähnchen darin rundum anbraten. Das vorbereitete Wurzelgemüse zugeben und das Hähnchen mit der Rücken nach oben in den Backofen schieben. 30 Minuten braten lassen, dann das Geflügel wenden, die Brust mit etwas Honig bepinseln und den Bratfond mit der Hälfte der Geflügelbrühe ablöschen. In weiteren 40 Minuten goldbraun braten, dabei immer wieder mit Honig bestreichen.
5. Das Hähnchen herausnehmen. Den Bratensatz mit der restlichen Brühe aufgießen und auf der Kochplatte etwas einkochen lassen. Mit dem Pürierstab fein pürieren und die Sauce durch ein Sieb streichen.
6. Das Hähnchen vierteln, die Füllung mit einem Löffel herausheben und mit dem Geflügel auf einer Platte anrichten. Die Sauce getrennt dazu reichen.

Weinempfehlung:

Dazu paßt ein trockener, würziger und finessereicher Weißwein wie ein Grauer Burgunder Kabinett, Wachenheimer Mandelgarten 1993, aus dem traditonsreichen Pfälzer Weingut Fitz-Ritter in Bad Dürkheim.

Semmel-Kräuterfüllung

(Füllungsvariante)

3 altbackene Semmeln (Brötchen)

1/8 l heiße Milch

1 Zwiebel

50 g geräuchertes Wammerl

(Räucherspeck)

1 EL Pflanzenöl zum Braten

1 Bund gemischte Frühlingskräuter

wie Petersilie, Kerbel, Schnittlauch,

Basilikum

2 Eier

Salz, frisch gemahlener Pfeffer

1. Die Semmeln in kleine Würfel schneiden und mit der heißen Milch übergießen. Zur Seite stellen und kurz durchweichen lassen.
2. Die Zwiebel schälen und in kleine Würfel schneiden. Das Wammerl fein würfeln, beides im heißen Pflanzenöl glasig braten.
3. Die Kräuter waschen, die Blättchen von den Stengeln zupfen und fein hacken. Die eingeweichten Semmelwürfel leicht ausdrücken, Zwiebelmischung, Eier und die feingehackten Kräuter dazugeben, gründlich vermischen. Mit Salz und Pfeffer würzen.
4. Diese Füllung in ein gewürztes Hähnchen füllen und wie im nebenstehenden Rezept im heißen Backofen bei 180 °C in gut 1 Stunde rundum goldbraun braten.

55

Putenpfeffertopf mit Gemüse und Krusteln

2 Putenoberkeulen mit Knochen zu je 600 g
Salz
2 EL grob geschrotete schwarze Pfefferkörner
1/8 l Pflanzenöl zum Braten
1/8 l trockener Weißwein
1/8 l Geflügelbrühe
4 mittelgroße Möhren
4 mittelgroße Kartoffeln
300 g Broccoli
4 Frühlingszwiebeln
1 EL frisch gehackte Petersilie

1. Die Putenoberkeulen waschen und mit Küchenkrepp trocknen. Mit Salz und den grob geschroteten Pfefferkörnern einreiben.
2. Das Pflanzenöl in einem großen Schmortopf erhitzen und die Putenteile darin rundherum anbraten. Mit Wein und Brühe aufgießen und zugedeckt bei schwacher Hitze 30 Minuten schmoren. Danach den Deckel abnehmen und noch weitere 10 Minuten offen einkochen lassen.
3. Inzwischen die Möhren und Kartoffeln waschen und schälen. Broccoli waschen. Von den Frühlingszwiebeln die Wurzeln und zwei Drittel der grünen Enden abschneiden. Möhren und Kartoffeln der Länge nach halbieren. Den Broccoli in Röschen teilen, die dickeren Stiele schälen und längs halbieren oder vierteln.
4. Die Putenkeulen aus dem Topf heben. Möhren und Kartoffeln in den Bratfond legen, die Keulen wieder daraufgeben und zugedeckt 10 Minuten garen, dann das Putenfleisch heraus-

nehmen und die Broccoliröschen und die halbierten Frühlingszwiebeln unter das Gemüse mischen. Alles zugedeckt in etwa 6–8 Minuten fertiggaren.
5. Die Putenoberkeulen herausheben, die Haut abziehen (aber nicht wegwerfen) und die Knochen auslösen. Das Fleisch in Alufolie hüllen und warmhalten. Das Gemüse aus dem Bratfond heben und ebenfalls warmstellen. Den Bratfond, falls nötig, noch etwas einkochen, bis eine leicht gebundene Sauce entstanden ist.
6. Die Putenhaut in schmale Streifen schneiden, in eine Pfanne geben und so lange braten, bis die Hautstreifen goldbraun und kross sind.
7. Das Gemüse auf eine Platte legen, das Fleisch aus der Folie wickeln und in Scheiben schneiden. Auf dem Gemüse anrichten. Mit den knusprigen Krusteln bestreuen. Den Bratenfond als Sauce getrennt dazu reichen.

ALFONS SCHUHBECK

Die fleischige Oberkeule ist für mich das beste Teilstück der Pute. Es ist etwas fetter als die übrigen Teile, dafür aber besonders aromatisch und saftig. Da die Putenhaut beim Schmoren immer weich und schlabbrig wird, löse ich sie ab und brate sie in der Pfanne so lange, bis sie richtig kross und knusprig ist.

Weinempfehlung:
Zu diesem pfeffrigen Geflügelgericht paßt ein frischer, fruchtiger Riesling mit einer pikanten Säure, zum Beispiel ein 92er Dürkheimer Michelsberg, Kabinett trocken, aus dem Weingut Fitz-Ritter in der Pfalz.
Dieses alte Pfälzer Weingut verbindet nicht nur mit Lisa Fitz verwandtschaftliche Bande, die heute noch bestehende Sektkellerei Fitz war ehemals königlich bayerischer Hoflieferant.

Gefüllte Putenschnitzel

4 dicke Putenschnitzel zu je 150 g

Salz, frisch gemahlener weißer Pfeffer

500 g zarter Spinat

frisch geriebene Muskatnuß

150 g Mozzarella

2 Eier

4 EL Semmelbrösel

2 EL Mehl

40 g Butterschmalz

1. Die Putenschnitzel waschen, mit Küchenkrepp trocknen und mit einem scharfen Messer seitlich eine Tasche einschneiden. Mit Salz und Pfeffer rundum würzen.

2. Spinatblätter putzen, gründlich waschen und tropfnaß in einen Topf geben, bei starker Hitze zusammenfallen lassen. Mit Salz und Muskat würzen. Zugedeckt kurz köcheln lassen, dann auf ein Sieb schütten und gründlich abtropfen lassen.

3. Den Mozzarella in kleine Würfel schneiden und unter den abgekühlten Spinat mischen.

4. Die Taschen der Putenschnitzel mit Mozzarella-Spinat füllen und die Öff-nungen mit Küchengarn zunähen oder mit Zahnstochern zustecken.

5. Die Eier in einem tiefen Teller verquirlen. Die Semmelbrösel in einem zweiten Teller bereitstellen. Die Putenschnitzel zuerst in Mehl, dann in Eiern und zum Schluß in den Semmelbröseln wenden. Panierung gut festdrücken.

6. Das Butterschmalz in einer Pfanne erhitzen und die gefüllten Putenschnitzel bei mittlerer Hitze in etwa 5 Minuten pro Seite goldbraun braten.

Gebratener junger Kapaun mit Kastanienschaum

(Für 6 Personen)

1 junger Kapaun von etwa 2,5 kg

Salz

frisch gemahlener Pfeffer

1 Zweig Rosmarin

1 Zweig Thymian

2 EL Pflanzenöl zum Braten

50 g Butter

1 Zwiebel

1 kleine Möhre

1/4 l Geflügelbrühe

6 geschälte, gekochte

Edelkastanien

1 TL Puderzucker

2 EL geschlagene Sahne

1. Den Kapaun waschen, mit Küchenkrepp trocknen und innen und außen mit Salz und Pfeffer würzen. Die Blättchen von Rosmarin und Thymian von den harten Stengeln streifen, fein hakken und die Mischung unter die Haut des Geflügels schieben. Den Backofen auf 170 °C vorheizen.

2. Das Öl und 20 g Butter in einer Bratreine erhitzen, den Kapaun darin rundherum anbraten. Mit dem Rücken nach oben in den Backofen schieben und etwa 30 Minuten braten. Zwiebel und die Möhre schälen und in kleine Stücke schneiden. Das Geflügel wenden, das vorbereitete Gemüse in die Reine geben und 150 ml Brühe angießen. In einer weiteren Stunde goldbraun braten, dabei gelegentlich mit Bratensaft begießen.

3. In der Zwischenzeit die restliche

Butter in einem kleinen Topf erhitzen, die gekochten Edelkastanien darin schwenken, mit Puderzucker bestreuen und leicht karamelisieren lassen. Dann die restliche Brühe aufgießen und kurz kochen lassen. Die Kastanien in den Mixer geben und fein pürieren, die Schlagsahne unterziehen.

4. Den gebratenen Kapaun herausnehmen und tranchieren. Die Bratensauce durch ein feines Sieb streichen und mit dem Kastanienschaum zum Geflügel servieren.

Geräucherte Hähnchenbrust auf Rotweinzwiebeln

4 fleischige Hähnchenbrüste

zu je ca. 180 g mit Haut

Salz

frisch gemahlener Pfeffer

2 EL Öl

30 g Butter

etwas Räuchermehl

ALFONS SCHUHBECK

Ein Kapaun ist ein kastrierter Hahn, den man leider bei uns noch relativ selten bekommt. Das gewichtige Geflügel hat ein besonders saftiges Fleisch, aber auch einen stolzen Preis. Aber der Kauf lohnt sich für ein besonderes Gericht auf jeden Fall.

Für die Rotweinzwiebeln:

300 g rote Zwiebeln

1 Zweig Thymian

1 Gewürznelke

1 Wacholderbeere

1 Lorbeerblatt

1 EL Pflanzenöl zum Braten

100 ml kräftiger Rotwein

Salz

frisch gemahlener Pfeffer

1 EL Balsamessig

1 EL Zitronensaft

1. Die Hähnchenbrüste unter fließendem Wasser kurz waschen, sorgfältig mit Küchenkrepp trocknen. Die Haut mit einem scharfen Messer rautenförmig einschneiden. Mit Salz und Pfeffer würzen. Öl und Butter zusammen erhitzen und die Brüstchen erst auf der Hautseite, dann auf der anderen Seite je 2 Minuten anbraten. Auf ein Räuchergitter legen.

2. Etwa 1 Eßlöffel Räuchermehl im Räucherofen oder Räuchertopf nach Geräteanleitung erhitzen und das Geflügelfleisch auf dem Gitter hineinstellen, das Gerät schließen. Etwa 8 bis 10 Minuten heißräuchern.

3. Inzwischen die Zwiebeln schälen und in dünne Scheiben schneiden. Die Gewürze in ein Gewürzsäckchen packen. Das Pflanzenöl in einer tiefen Pfanne erhitzen, die Zwiebeln darin glasig anbraten. Den Rotwein und das Gewürzsäckchen dazugeben und zugedeckt 8–10 Minuten schmoren lassen, die Zwiebeln sollen dann noch einen Biß haben.

4. Das Gewürzsäckchen entfernen und die Zwiebeln mit Salz, Pfeffer, Essig und Zitronensaft würzig-pikant abschmecken.

5. Die Rotweinzwiebeln auf vier vorgewärmte Teller verteilen. Die warmen geräucherten Hähnchenbrüste schräg in Scheiben schneiden und auf den Zwiebeln anrichten.

Gebeizte Putenbrust auf Selleriepüree

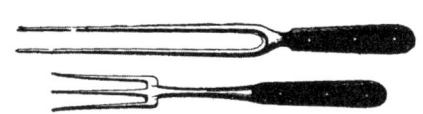

800 g ausgelöste Putenbrust

Für die Beize:

1 l Wasser

120 g Pökelsalz

2 Wacholderbeeren

1 Gewürznelke

1 Lorbeerblatt

1 Thymianzweig

1 Knoblauchzehe

2 Korianderkörner

4–6 weiße Pfefferkörner

etwas Zucker

1/4 l Weißwein

1 Bund Suppengrün

1 Zwiebel

Für das Apfel-Selleriepüree:

300 g Knollensellerie

Salz

5 EL Sahne

1 aromatischer Apfel

20 g Butter

1 Prise Zucker

1–2 EL Apfelsaft oder Wasser

1 TL frisch gehackte Petersilie

frisch gemahlener Pfeffer

1. Die Putenbrust waschen und mit Küchenkrepp trocknen.
2. Für die Beize das Wasser mit dem Pökelsalz, den Gewürzen und Wein aufkochen. Kalt stellen und die abgekühlte Lake über die Putenbrust gießen. Etwa 1 Stunde darin marinieren.
3. Das Suppengrün waschen, die Zwiebel schälen, alles in Stücke schneiden. Mit der Hälfte der Pökellake und

ebensoviel Wasser aufkochen, die gebeizte Putenbrust hineinlegen. Bei schwacher Hitze in etwa 20 Minuten garziehen lassen.
4. Für das Apfel-Selleriepüree die Sellerieknolle schälen, in Stücke schneiden und in wenig Salzwasser garen. Die Sahne dazugeben, kurz kochen lassen, dann im Mixer fein pürieren.
5. Den Apfel schälen, halbieren und entkernen. Die Hälften in Würfel schneiden und in der Butter anbraten. Mit Zucker bestreuen, leicht karamelisieren lassen und mit Apfelsaft oder Wasser ablöschen. Zu Mus verkochen und durch ein Sieb streichen. Unter das Selleriepüree rühren, die Petersilie zugeben und mit Salz und Pfeffer würzig abschmecken.
6. Die Putenbrust in dünne Scheiben schneiden und auf dem Apfel-Selleriepüree anrichten.

Putenschnitzel im kernigen Knuspermantel

4 Putenschnitzel zu je 150 g

Salz, frisch gemahlener Pfeffer

2 Eier

50 g Sonnenblumenkerne

50 g Semmelbrösel

2 EL Mehl

4 EL Sonnenblumenöl

1. Die Putenschnitzel waschen, mit Küchenkrepp gut trockentupfen und mit Salz und Pfeffer würzen.
2. Die Eier in einem Teller mit einer Gabel leicht verquirlen. Die Sonnenblumenkerne mit den Semmelbröseln in einem zweiten Teller vermischen.
3. Die Putenschnitzel zuerst in Mehl wenden, das überschüssige Mehl wieder abklopfen. Dann in den verquirlten Eiern und zum Schluß in der Brösel-Kerne-Mischung wenden, die Panierung gut festdrücken.
4. Das Öl in einer beschichteten Pfanne erhitzen und die Schnitzel darin bei mittlerer Hitze auf jeder Seite 2 bis 3 Minuten braten.

ALFONS SCHUHBECK

Dieses leicht bekömmliche Putengericht mit der knusprigen Umhüllung, das Kindern besonders schmeckt, serviere ich am liebsten auf lauwarmem, süßsauren Gemüseallerlei, der Jahreszeit entsprechend zusammengestellt.

59

Hähnchen mit würziger Käsefüllung

1 Hähnchen von 1,2 kg
Salz, frisch gemahlener Pfeffer
2 Schalotten
1 Knoblauchzehe
1 Stange Lauch
1 Möhre
100 g Champignons
2 Wirsing- oder Weißkrautblätter
40 g Butter
150 g Räucherschinkenkäse
1 EL weiße Pfefferkörner
3 EL Olivenöl
1/4 l Geflügelbrühe

1. Das Hähnchen waschen und mit Küchenkrepp trocknen. Innen und außen mit Salz und Pfeffer würzen.
2. Schalotten und die Knoblauchzehe schälen, Lauch gründlich putzen, die Möhre schälen. Die Pilze, falls nötig, kurz waschen. Alles in kleine Würfel schneiden. Die Kohlblätter 3 Minuten in kochendem Salzwasser blanchieren, in kaltem Wasser abschrecken und in feine Streifen schneiden.
3. Die Butter in einer Pfanne erhitzen und die Gemüsewürfel und Kohlstreifen darin andünsten. Von der Kochplatte nehmen und erkalten lassen.
4. Den Räucherschinkenkäse in kleine Würfel schneiden und unter die erkaltete Gemüsemasse mischen. Mit Salz und Pfeffer würzen und in das vorbereitete Hähnchen füllen. Die Öffnung mit Zahnstochern zustecken. Den Backofen auf 180 °C vorheizen.
5. Die Pfefferkörner im Mörser oder mit der Klinge eines breiten Messers zerdrücken. Das Olivenöl in einem großen Schmortopf erhitzen und den Pfef-

fer darin anschwitzen. Das Hähnchen darin rundum anbraten, dann mit der Brust nach oben in den heißen Backofen schieben und mit Brühe übergießen. Zugedeckt etwa 50 Minuten garen. Danach den Deckel abnehmen und in weiteren 15 bis 20 Minuten goldbraun braten.
6. Das Hähnchen herausnehmen und vor dem Tranchieren kurz ruhen lassen. Den Bratenfond, falls nötig, noch etwas einkochen lassen und getrennt als Sauce dazu servieren.

Weinempfehlung:
Eine Scheurebe Kabinett, Jahrgang 1990 aus dem Haus Hans Wirsching in Iphofen, harmoniert sehr gut zu diesem Gericht, denn nur ein Wein mit nachhaltiger Würze, vollem Körper und intensiven Bukett kann sich dem kräftigen Käsegeschmack stellen.

ALFONS SCHUHBECK

Damit Hähnchen schön in Form bleiben, binde ich das Geflügel mit einem langen Faden zusammen. Dazu das Küchengarn unter dem Bürzel durchziehen, kreuzen und um die Schenkel legen. Nochmals überkreuzen und festziehen. Dann hinter die Schenkel ziehen, das Hähnchen auf die Brust legen und die Flügel samt der Halshaut festbinden. Die Garnenden gut verknoten und abschneiden. Nicht vergessen, den Faden nach dem Braten sorgfältig zu entfernen.

*

Das nebenstehende Rezept für Hähnchen in Rotwein ist speziell für Keulenfans, das man aber selbstverständlich auch mit einem in kleine Teile zerlegten Hähnchen zubereiten kann.

Hähnchen in Rotwein mit Perlzwiebeln

8 Hähnchenkeulen
1/2 l Rotwein
1 Zwiebel
1 Knoblauchzehe
1 Möhre
1 Lorbeerblatt
1 Thymianzweig

6 Pfefferkörner

2 Tomaten

3 EL Pflanzenöl zum Braten

Salz, frisch gemahlener Pfeffer

1/4 l Geflügelfond

50 g Butter

40 Perlzwiebeln

1. Die Hähnchenkeulen waschen, in eine Schüssel legen und mit Rotwein übergießen. Geschälte Zwiebel und Knoblauchzehe sowie die Möhre in Stücke schneiden und mit den Kräutern und den Pfefferkörnern dazugeben.

Zudecken und im Kühlschrank 1 bis 2 Tage durchziehen lassen.
2. Die Tomaten blanchieren, häuten, entkernen und in Stücke schneiden. Die Keulen aus der Marinade nehmen und gut abgetropft in heißem Öl rundherum anbraten. Mit Salz und Pfeffer würzen und mit der Rotweinbeize samt dem Gemüse und den Gewürzen sowie der Geflügelbrühe aufgießen. Zugedeckt bei mittlerer Hitze etwa 30 Minuten schmoren lassen.
3. Die Keulen herausnehmen und warmstellen. Wer die Keulen knusprig mag, läßt sie noch unter dem heißen Grill bräunen. Den Bratenfond bei starker Hitze um die Hälfte einkochen.

Dann mit dem Pürierstab kurz durchmixen, durch ein Sieb passieren und 30 g Butter in kleinen Flocken mit dem Schneebesen unterschlagen.
4. Die Perlzwiebeln schälen und in der restlichen Butter anbraten, in die Sauce geben und etwa 5 Minuten darin garen.
5. Die Keulen mit Zwiebeln anrichten und mit der Sauce übergießen.

Weinempfehlung:
Trinken Sie den gleichen Wein, in dem das Hähnchen geschmort wurde. Zum Beispiel ein 92er Dialog Rotwein vom Weingut Heitlinger in Baden, mit Fülle und Eleganz nicht nur zum Schmoren.

Deftiges mit Wurst

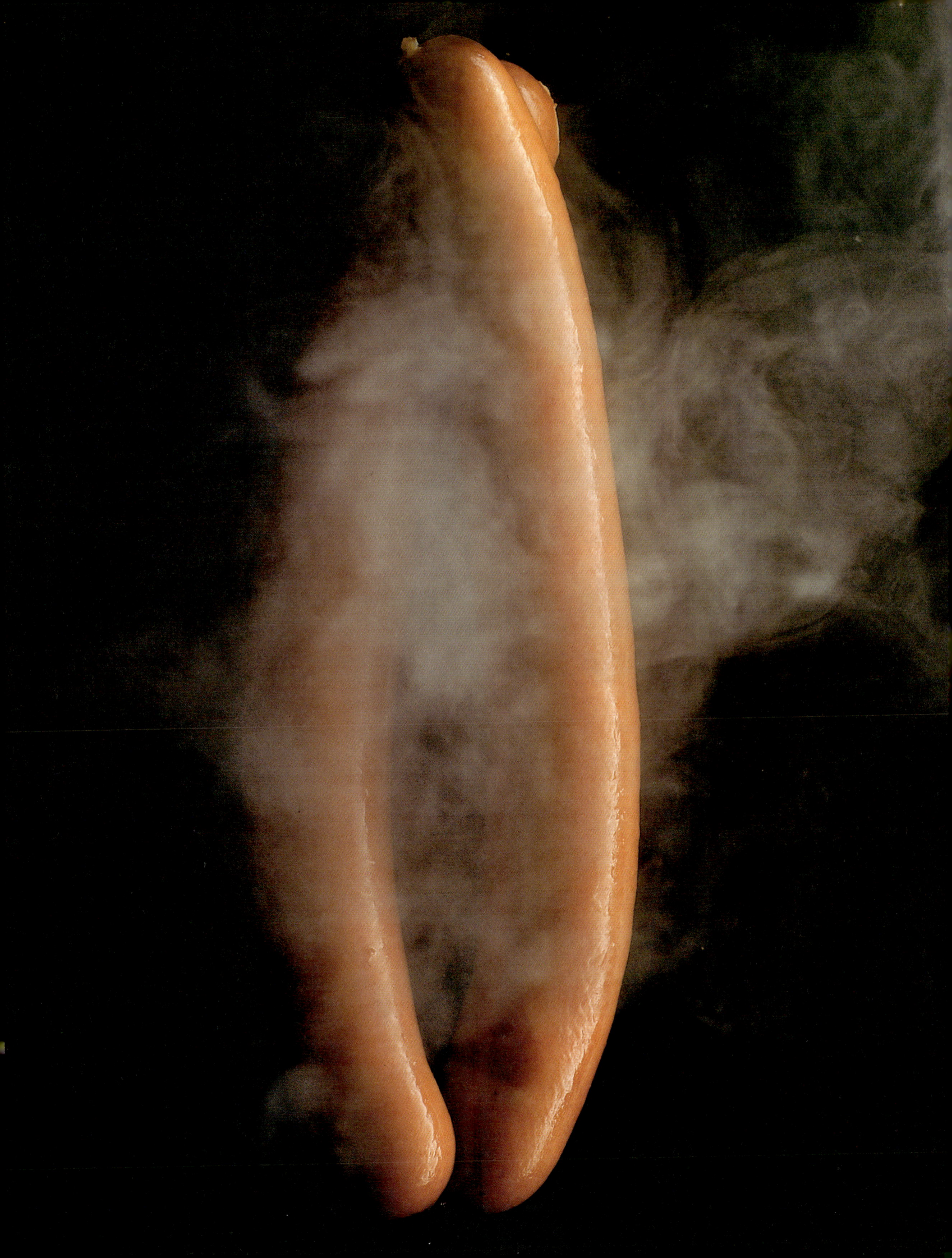

Wurscht und Wirkung

»Des is mir wurscht« – das ist so ein typisch bayrischer Spruch. Als wenn er für den bayrischen Unterkiefer gemacht worden wär' ... »des is mir wurscht«. Vielleicht hat er sich auch aus dieser speziellen Physiognomie heraus entwickelt? ... »Des is mir wurscht!« Ist ja auch kaum in einen anderen Dialekt oder in eine andere Sprache zu übersetzen: »It's sausage to me ...« »Det is mir schnuppe« sagt der Berliner.

Mit der Wurscht an sich hat der Satz recht wenig zu tun – eine Wurst ist ja auch kein Symbol für Gleichgültigkeit. Da tut man der Wurst unrecht. Und so grob der Spruch für das Gegenüber manchmal klingen mag, aber für den Sprecher hat er etwas durchaus Befreiendes.
Der Satz »Des is mir wurscht« kann in Krisen- und Krankheitszeiten eine ungemein heilende Wirkung haben. Wenn Sie einen Strafzettel kriegt ha'm, wenn Sie jemand sitzen läßt, wenn der Mann zu spät heimkommt, die Kartoffeln teurer word'n san ... da kann man schon eine gewisse seelische Bürde einfach abwerfen, indem man sich sagt und beschließt: »Des is mir jetzt wurscht!!!«

Mein Wurscht-Alptraum
Aber ich hab' neulich einen Traum gehabt, der war entsetzlich. Ich hab' geträumt, mein Sohn kommt mit einer Fünf in Latein heim und sagt, das ist ihm wurscht. Dann sag' ich zu mei'm Mann: »Du, der Rasen g'hört g'mäht, der steht scho zwanzig Zentimeter hoch« ... »Des is mir wurscht!« Dann bin ich zum Supermarkt und hab die Joghurt reklamiert: »Euer Verfallsdatum ist falsch, der Joghurt hat an Stich« – »Des is doch wurscht!« Dann bin ich zum Arzt und hab g'sagt, ich hab Schmerzen im Oberbauch, sagt der: »Des is mir wurscht!«

Auf dem Nachhauseweg haben zwei Jugendliche einen Türkenbuben verprügelt und zehn Bayern san in 20 Meter Entfernung gestanden und ham g'sagt: »Des is uns wurscht«. Zu Hause dreh' ich den Fernseher an, sagt der Nachrichtensprecher: »Krieg in Ruanda, Krieg in Jugoslawien, Mord und Totschlag – aber mir is des wurscht«.

Dann bin ich durch Deutschland gehetzt: Mißhandelte Kinder, vergewaltigte Frauen, soziale und geistige Armut – und überall haben Massen von Menschen getanzt und in Chören geschrien: »Des is uns wurscht – des is uns wurscht!« Und dann ist ein Atomkraftwerk explodiert und rundherum san aus der Staubwolk'n lauter deformierte Leut' kommen mit Transparenten: »Das ist uns wurscht!«
Und kurz bevor ich gestorben bin im Traum, da kommt mir eine Kompanie Soldaten entgegen, dahinter fünfhundert Kriegskrüppel, die singen: »Des is uns wurscht, des is uns wurscht!«

Und wie ich entsetzt und erschöpft und verzweifelt oben beim Himmelstor angekommen bin und g'rufen hab': »Lassts mi nei!«, sagen die zwoa protzerten Erzengel mit ihre depperten Flammenschwerter: »Da is koa Platz mehr bei uns. Geh' oba zu der Konkurrenz!« – Na hab' ich plärrt: »I bin die Lisa Fitz!« ... »Des is uns wurscht!«

Da hab' i s' mit meiner ganzen Kraft umg'rennt und bin eini in Himmel und hab' alle Putten auf d' Seiten g'sprengt, daß die Federn nur aso g'flogen san und bin durchs Heiligste direkt zum Chef eini. Zum allerhöchsten Vater. Der sitzt da g'miatlich auf sei'm Thron. D' Maria hat an Pullover gestrickt, er hat grad a Leberkäs-Brotzeit g'macht und sei Pfeiferl g'raucht. Und i hab' g'schrien: »Du, Herrgott!! – Die da unten san alle narrisch worn, die bringa si um, die ham alle an Vogel!« – na streicht si der über sein langen Bart und lacht: »Oh mei, Madl«, sagt er, »des is mir scho lang sowas von wurscht, des glaubst Du gar net!«
Dann bin ich schweißgebadet aufg'wacht und hochgeschreckt. Steht mein Mann vor mir und sagt: »Möchst Du a Wurschtbrot? ... Ja, weilst allawei geschrien hat: »Wurscht, Wurscht! Und um Di g'schlagn.« – »Schleich Di!« hab ich g'schrien, »Geh' weg! Laß mi in Ruah!« – »Ja bitte,« sagt er, »mir is des wurscht.«

Gar nix ist wurscht
Und wie ich mich wieder beruhigt hab' von diesem Alptraum, hab ich erkannt: Es ist nicht wurscht! So verführerisch dieser Satz auch sein mag. Gar nix ist wurscht. Ob man jemand über die Straße hilft oder net, ob man »Schindlers Liste« anschaut oder den »Terminator«, ob man nachdenkt oder nicht. Es ist nicht wurscht. Alles hat eine Wirkung. Alles. Im Universum bleibt nichts ohne Konsequenz. Und deshalb schließe ich hier mit einer östlichen Weisheit: »Der Oberflächliche glaubt an Glück und Schicksal, der Tatkräftige an Ursache und Wirkung«.
Aber das ist dem einen oder anderen Leser mit Sicherheit ...? – Genau.

65

Schinken-Scheiterhaufen mit Kartoffel-Koriandersauce

Für die 1. Füllung:

8 große Weißkrautblätter, von

einem großen Kohlkopf abgelöst

20 g Butter

1/2 TL Curry

6 getrocknete Feigen

Für die 2. Füllung:

4 Tomaten

4 hartgekochte Eier

300 g blanchierte Spinatblätter

frisch geriebene Muskatnuß

Für die 3. Füllung:

1 Lauchstange

250 g Austernpilze

30 g Butter

250 g Schafskäse

Außerdem:

Salz, frisch gemahlener Pfeffer

16 Scheiben runder

Backhinterschinken (Kochschinken)

60 g Butter

2 EL gemischte gehackte Kräuter,

z. B. Petersilie, Thymian, Rosmarin,

Basilikum

1 Knoblauchzehe

1–2 EL Semmelbrösel

Für die Kartoffelsauce:

1 mittelgroße, gekochte

mehlige Kartoffel

200 ml Fleischbrühe

4–5 EL Sahne

frisch gemahlene Korianderkörner

1. Für die Weißkrautfüllung die Krautblätter waschen, mit Küchenkrepp trocknen und in feine Streifen schneiden. In der heißen Butter andünsten. Mit Curry, Salz und Pfeffer würzen. Die getrockneten Feigen kleinschneiden und unter das Kraut mischen. Den Topf vom Herd ziehen und die Masse abkühlen lassen.

2. Für die zweite Füllung die Tomaten kurz in kochendem Wasser überbrühen, häuten, halbieren und den Stengelansatz und die Kerne entfernen. Die Tomatenhälften in feine Streifen schneiden. Die geschälten Eier und die Spinatblätter hacken. Alles miteinander vermischen und mit Salz, Pfeffer und Muskat würzen.

3. Für die Lauchfüllung von der Lauchstange die Wurzeln und das grüne Ende entfernen. Den hellen Teil der Stange längs halbieren, gründlich waschen, abtropfen lassen und in feine Streifen schneiden. Die Austernpilze putzen und grob hacken. Die Butter in einer Pfanne erhitzen, die Pilze darin anbraten. Mit Salz und Pfeffer kräftig würzen, Lauchstreifen dazugeben und kurz andünsten. Zum Schluß den in kleine Würfel geschnittenen Schafskäse untermischen und zur Seite stellen.

4. Den Backofen auf 180 °C vorheizen. Vier Schinkenscheiben auf ein Backblech legen oder vier runde Auflaufförmchen damit auslegen. Die Pilzfüllung darauf verteilen. Mit je einer Schinkenscheibe belegen, die Tomaten-Eiermischung darüber verteilen. Erneut mit je einer Schinkenscheibe bedecken und schließlich die Weißkrautmasse

daraufstreichen. Mit den verbliebenen Schinkenscheiben abdecken.

5. Die Butter cremig rühren, die fein gehackte Knoblauchzehe und die Kräuter dazugeben. Zum Schluß die Semmelbrösel untermischen. Die Kräuterbutter auf die oberste Schinkenscheibe streichen. Auf der mittleren Schiene in den Backofen schieben und etwa 20 Minuten überbacken.

6. Für die Kartoffel-Koriandersauce die geschälte Kartoffel fein reiben, unter Rühren mit einem Schneebesen Brühe und die Sahne dazugießen. Würzig mit Salz, Pfeffer und gemahlenem Koriander abschmecken und zum Schinkenscheiterhaufen servieren.

Weinempfehlung:

Dazu ein Glas spritzig-herzhaften Spätburgunder Rosé, Jahrgang 1991, von der Lage Langenlonsheimer Löhrer Berg aus dem Weingut Tesch in Langenlonsheim (Nahe). Der trockene, fruchtige Rosé entspricht der Philosophie dieses Weingutes, vorwiegend moderne, ehrliche und bekömmliche Weine anzubieten.

Variante:

Eine raffinierte Abwandlung dieses Scheiterhaufens wären diese italinisch anmutenden Schinkencannelloni: 15 Schinkenscheiben nebeneinander legen, jeweils 5 Scheiben mit einer der drei verschiedenen Gemüsefüllungen bestreichen und jede Scheibe aufrollen. Dicht nebeneinander – mit der überlappenden Seite nach unten – in eine gefettete Auflaufform schichten. Mit der Kräuterbutter bestreichen und im Backofen bei 200 °C etwa 15 Minuten überbacken.

Dazu können Sie eine leichte Tomatensauce, mit feingewürfeltem Gemüse und Pilzen gekocht, servieren.

ALFONS SCHUHBECK

Probieren Sie vor dem Würzen der Füllungen den gekochten Schinken. Sollte er recht scharf schmecken, so salzen Sie einfach die verschiedenen Gemüsemischungen sparsamer.

*

Kaufen Sie unbedingt für dieses Rezept einen saftigen Hinterschinken, denn je besser die Qualität des Schinkens, um so köstlicher schmeckt der Scheiterhaufen.

Zucchiniblüten mit Leberwurst

4 Zucchiniblüten mit kleinen Fruchtansätzen

2 Schalotten

1 kleiner Apfel

10 g Butter

1 Prise Zucker

1 TL frisch gehackte Majoranblätter

150 g grobe Starnberger Leberwurst

1 EL Semmelbrösel

1 Eiweiß

ca. 50 g Semmelbrösel zum Panieren

Fett zum Ausbacken

1 EL Pflanzenöl zum Braten

einige frische Thymianblätter

etwas Zitronensaft

1. Von den Zucchiniblüten die Staubgefäße entfernen, die Blüten kurz und vorsichtig waschen, umgestülpt abtropfen lassen. Die kleinen Zucchinifrüchte abtrennen und in Scheiben schneiden.
2. Schalotten und den Apfel schälen. Den Apfel halbieren, entkernen. Apfel und Schalotten fein würfeln. Die Butter in einer Pfanne erhitzen und die Hälfte der Schalottenwürfel glasig dünsten. Die Apfelwürfel dazugeben, mit Zucker und Majoran bestreuen und anbraten. Die Pfanne vom Herd nehmen und abkühlen lassen. Das Ausbackfett in einer Friteuse auf 180 °C erhitzen.
3. Die Leberwurst in einer Schüssel verrühren, die Apfelmischung dazugeben und 1 EL Semmelbrösel untermischen. Die Masse mit einem Teelöffel in die Blüten füllen, die Enden der Blütenblätter zusammendrehen.
4. Das Eiweiß in einen tiefen Teller geben und leicht anschlagen. Die Semmelbrösel in einem zweiten Teller bereitstellen. Die gefüllten Blüten zuerst in Eiweiß, dann in den Semmelbröseln

wenden und die Panierung gut andrükken. Im heißen Fett in wenigen Minuten goldbraun ausbacken.
5. Das Pflanzenöl in einer Pfanne erhitzen und die restlichen Schalottenwürfel glasig dünsten. Die Zucchinischeiben dazugeben und anbraten. Mit den Thymianblättchen bestreuen und mit etwas Zitronensaft beträufeln. Das Gemüse auf vier Teller verteilen und die gebackenen, gut abgetropften Zucchiniblüten darauf anrichten.

Weinempfehlung:

Zu dieser italienisch-deutschen Vorspeise paßt ein trockener, fruchtiger Weißwein, zum Beispiel der 91er Riesling Laubenheimer Krone vom Weingut Tesch aus dem Nahetal.

ALFONS SCHUHBECK

Zucchini sind heute fast zu einer einheimischen Gemüsesorte geworden. Nahezu jeder Hobbygärtner hat Zucchini im Garten und weiß in der Saison nicht mehr wohin mit dem Gemüse. Ernten Sie daher zwischendurch die Blüten mit kleinem Fruchtansatz. Gefüllt und ausgebacken sind sie ein ganz besonderes Schmankerl.

*

Nehmen Sie für den einfachen, aber leckeren Kartoffeleintopf mit Debrezinern eine mehlige Sorte, die sorgt für eine anständige, schön sämige Bindung.

Kartoffeltopf mit Debrezinern

4 große Zwiebeln

1 Knoblauchzehe

600 g mehligkochende Kartoffeln

40 g Butter

1 EL Tomatenmark

1 EL Delikateß-Paprika, edelsüß

1/2 TL Kümmel

Salz, frisch gemahlener Pfeffer

1/2 l Gemüsebrühe

4 Paar Debreziner

4 EL saure Sahne

1/2 Bund frisch gehackte glatte Petersilie

1. Zwiebeln, Knoblauchzehe und Kartoffeln schälen und in kleine Würfel schneiden.
2. Die Butter in einem Schmortopf erhitzen, Zwiebeln und Knoblauch glasig dünsten. Die Kartoffeln dazugeben und anschmoren. Das Tomatenmark unterrühren und mit Paprika, Kümmel, etwas Salz und Pfeffer würzen. Mit Gemüsebrühe ablöschen und zugedeckt 20–25 Minuten köcheln lassen.
3. Die Debreziner schräg in Scheiben schneiden, unter die Kartoffeln mischen und einige Minuten erhitzen.
4. Den Eintopf auf vier tiefe Teller verteilen, in die Mitte jeweils einen Löffel saure Sahne geben und mit frisch gehackter Petersilie bestreut servieren.

Fränkische Würstlsuppe

Für den Kochsud:

2 Zwiebeln

1 Möhre

1 Stückchen Sellerieknolle

1 Wacholderbeere

1 Lorbeerblatt

einige Pfefferkörner

100 ml Weißweinessig

3/4 l Wasser

Salz

Außerdem:

8 Paar Schweinsbratwürstl

2 Scheiben würziges Bauernbrot

2 Knoblauchzehen

2 EL Pflanzenöl zum Braten

4 EL Sahne

1 Bund Schnittlauch

1. Zwiebeln, Möhre und Sellerieknolle schälen, in dünne Scheiben schneiden. Mit den Gewürzen in einen Kochtopf geben, Weißweinessig und Wasser zugießen, salzen und 30 Minuten bei schwacher Hitze köcheln lassen.
2. Die Würstchen schräg in 2 cm dicke Scheiben schneiden, im Sud erhitzen, sie dürfen nicht kochen.
3. Das Bauernbrot mit den zerdrückten Knoblauchzehen bestreichen. In kleine Würfel schneiden und im heißen Öl knusprig braten.
4. Die Würstchen mit einem Schaumlöffel herausheben und auf vier Suppentassen verteilen. Die Gewürze aus dem Fond fischen und die Brühe einschließlich Gemüse mit einem Pürierstab glatt und schaumig mixen, dabei die Sahne dazugießen. Die aufgeschäumte Brühe über die Würstchen gießen und mit Brotwürfeln und Schnittlauchröllchen bestreuen.

Weinempfehlung:

Ein trockener Silvaner, Jahrgang 91 vom Weingut Tesch in Langenlonsheim (Nahe), wäre eine gute Begleitung zu dieser herzhaften Würstchensuppe. Der schlanke Silvaner, natürlich im Edelstahltank ausgebaut, paßt sich der leicht säuerlichen Suppe an, ohne sie zu übertönen.

ALFONS SCHUHBECK

Man kann diese Abwandlung der fränkischen Blauen Zipfel auch mit rohen Bratwürsten zubereiten. Dann die Würstl im ganzen in den Kochsud legen und so lange ziehen lassen, bis sie sich leicht bläulich färben. Den Sud auf die gleiche Weise pürieren und zusammen mit den Würstchen in kleinen Portionsschüsselchen servieren.

Gebackene Kabanos-Brote

(Ergibt 6 Brote)

500 g Sauerbrotteig vom Bäcker

150 g Kabanos

3 Fleischtomaten

1 kleine Zwiebel

1 Knoblauchzehe

4 EL Pflanzenöl zum Braten

Salz, frisch gemahlener Pfeffer

1 TL gerebelter Majoran

2 kleine Zwiebeln

Fett für das Backblech

1. Den Brotteig auf einem bemehlten Backbrett dünn ausrollen. Kreise im

Durchmesser von 12 cm ausstechen und mit einem Nudelholz länglich ausrollen. Auf ein gefettetes Backblech legen und zugedeckt gehen lassen.
2. Die Kabanos in dünne Scheiben schneiden. Den Backofen auf 210 °C vorheizen.
3. Die Tomaten überbrühen, häuten, halbieren und die Stengelansätze und

70

Kerne entfernen. Die Hälften in kleine Würfel schneiden. Zwiebel und Knoblauch schälen, ebenfalls in kleine Würfel schneiden, in 2 EL Öl glasig dünsten. Die Tomatenwürfel dazugeben, mit Salz, Pfeffer und Majoran würzen und in wenigen Minuten weichdünsten. Abkühlen lassen.
Die Zwiebeln schälen und in feine Ringe schneiden.
4. Die Teigfladen mit der geschmorten Tomatenmischung bestreichen, mit den Wurstscheiben und Zwiebelringen belegen und mit dem restlichen Öl beträufeln. Im heißen Backofen auf zweiter Schiene von oben in etwa 15 Minuten goldbraun und knusprig backen.

Getränkeempfehlung:
Dazu paßt natürlich ein feinherbes, kühles Pils, Weinliebhabern schmeckt allerdings sicherlich auch ein trockener, kräftiger und säurebetonter Riesling wie der Langenlonsheimer Königsschild, Jahrgang 1990, vom Weingut Tesch an der Nahe.

ALFONS SCHUHBECK

Man kann die Wurstbrote auch noch zusätzlich mit Käse bestreuen oder gleich mit Käse-Kabanos belegen. Solche bayerischen Pizzen schmecken auch mit frischen, in Scheiben geschnittenen braunen Egerlingen, Champignons oder mit Paprikastreifen belegt.

*

Mit einem bunten Salat sind die Wurstfladen eine kleine Mahlzeit, etwa halb so groß geformt auch ein witziger kalter oder warmer Imbiß für Partys.

Herzhaftes mit Fleisch

Die Sau rauslassen

Kennen Sie den Spruch »die Sau rauslassen«? Das ist so ein dummer Spruch, unter dem jeder etwas anderes versteht. Das heißt »einen draufmachen, randalieren, abtanzen, Orgien, Exzesse, schlägern, Parties«. Die Sau wird aber erfahrungsgemäß erst ab zirka sechs Halben rausgelassen. Das liegt am Anstand und an der erziehungsbedingten Hemmung und an unsrer Tradition eines gewissen speziell deutschen, obrigkeitsstaatlichen Gehorsams.

Das ist ja auch in Ordnung – Ordnung muß sein. Diese Ordnung wiederum kann aber auch die Brutstätte für Amok sein. Und deswegen muß eben ab und zu die Sau rausgelassen werden. Meistens wird die Sau am Stammtisch rausgelassen. Da springt sie dann einmal im Kreis und ist spätestens zu Haus bei der Mama wieder drin. Also eher eine Zirkusnummer als ein Befreiungsakt. Ein kurzer Auslauf sozusagen, den die Sau da hat. Ich denk' deswegen auch immer, daß »Freistaat Bayern« eigentlich kein zutreffender Begriff ist. Angemessener wäre: »Freigehege Bayern«. So wie die Wildschweine im Forstenrieder Park.

Wer jetzt die Sau zum Beispiel so gut wie gar nie 'rausläßt, ist die Frau. Auch nach sechs Halben nicht, weil die ja meist der Mann trinkt. Dabei war die Wildsau in der Zeit des Matriarchats – und das hat immerhin mehrere hunderttausend Jahre gedauert, heiliges Symbol für weibliche Gottheiten, weibliche Fruchtbarkeit, weibliche Sexualität und weibliche Aggressivität.

Die zornige, vor Wut schäumende Wildsau trampelt alles nieder, was ihr in den Weg kommt. Und wehe dem, der ihrem Wutanfall ausgesetzt ist. Und nicht die Frau war dem Mann auf irgendwas neidisch, schon gar nicht auf irgendeinen Körperteil, wie das der Herr Freud so gern gehabt hätte, sondern der Mann hat sich mit der Zeit stark gefürchtet vor der Wildsau in der Frau – und damit sie sie nicht mehr 'rauslassen kann, hat er sich gesagt: »Das Gescheiteste ist, wir machen jetzt ein Patriarchat, dann is a Ruh«. Und dann hat man weltweit die weibliche Wildsau und alle weiblichen Gottheiten schön langsam entthront, hat auf selbige männliche Gottheiten gesetzt, die Weiber aus allen angeblich heiligen Schriften beim Neuentwurf entfernt und gesagt, der Liebe Gott ist ein Mann. So einfach geht das. Das ist strategisch total cool. Ist taktisch O.K. Und so ist die heilige Wildsau zum domestizierten Hausschwein geworden. Jetzt ist das aber so: Weil alles, was in der ganzen Menschheitsgeschichte *war*, ja auch noch in uns *ist*, muß diese heilige Wildsau auch noch irgendwo sein – und da ist jetzt nur die Frage, wie man die auch ohne sechs Halbe zum Schäumen kriegt, ohne daß sich der Mann gleich wieder fürchten muß und Kriege veranstalten, damit er Erfolgserlebnisse hat und keine Potenzangst. Und die Frau jetzt, wenn die endlich mal aufwacht aus ihrem hausschweinhaften Dornröschen-Valium-Koma und die innere heilige Wildsau aktiviert und herausläßt, indem sie einem Kriegstreiber täglich seine Grenzen setzt, dann könnte die Erde noch eine Weile die Sau herauslassen. Ansonsten haben wir die letzte Zeit Schwein gehabt.

Hackfleisch

von Lisa Fitz

Es hat ein Hackfleisch sich gedacht,
was hat man nur aus mir gemacht;
weil so gehackt herumzuliegen,
ist ja nun wirklich kein Vergnügen,
denn man stellt – 's ist wirklich wahr –
in dieser Form doch nichts mehr dar.
Man liegt herum und schaut mit Neid
auf all die and're Herrlichkeit,
die einen Metzgerladen ziert
und fühlt sich dann mit Recht frustriert.

Ein Schweinskotlett zum Beispiel hat
ein ganz anderes Format
und protzt, obwohl mehrmals gebrochen,
ganz ekelhaft mit seinen Knochen.

Der Lendenbraten ist begehrt
und wird vom ganzen Fleisch verehrt.
Das Kalbsfilet fühlt sich als Dame,
mit ihm da macht man gern Reklame,
es wird umsorgt und wird gehegt
und gern ins Fenster rausgelegt.

Die Nieren riechen penetrant,
doch ihre Form ist elegant,
und können sich mit ihren Maßen
von weitem sehr gut sehen lassen.
Doch geplagt von Rachedürsten
ist ein Hackfleisch bei den Würsten!
Die dürfen wie die Fürsten leben
und sich die schönsten Formen geben,
wenn auch des Inner'n Qualität
weit unter der des Hackfleischs steht!
Als Blickfang stellt sich elegant
– im unterschiedlichsten Gewand –

die Wurst dem Kunden teuer dar
– der fliegt auf Kleider, das ist klar,
doch als Hackfleisch liegt man dumm,
splitternackt und roh herum!

Manchmal sagt der Leberkäs':
»Des macht gar nix, merk dir des,
nackert ist auch das Tatar,
was maanst, wenn's ogezog'n war«.

Doch das Tatar ist raffiniert
für die Nacktheit präpariert,
und es trägt auch diese Bürde
mit einer ganz besonderen Würde.
Die nackte Schwester sozusagen
hat Tradition von früh'ren Tagen.
Von Tataren, unbestritten,
unterm Sattel mürb geritten
reizt Kunden sie im hohen Maße

durch die hohe Rasse-Klasse.
Als Hackfleisch fühlt man sich deswegen
dem Tatar stets unterlegen.

Wie man das Dasein auch so nimmt,
es ist halt alles vorbestimmt.
So tröstet sich das Hackfleisch liegend
und das inn're Schwein besiegend.
Schließlich kann man herrliche Sachen
auch aus meinem Körper machen:
Hackbraten, Füllungen, Kroketten,
Spaghettisaucen und Buletten.

Als es so vor sich hinsinnierte,
da war es wieder froh und spürte
die Lebensfreude in sich wachsen,
da betrat ein Herr aus Sachsen
das Geschäft und tat kurz kund:
»Ein Viertel Hackfleisch für mein' Hund!«

75

Netzbratl im Sonnenblumen- mantel

(Für 6–8 Personen)

1 Möhre

1 kleiner Zucchini

1 Stengel Stangensellerie

100 g Broccoliröschen

100 g ausgepalte Erbsen

Salz

4–6 Mangoldblätter

200 g altbackenes Sonnenblumenbrot

1/8 l heiße Milch

1 EL Zwiebelwürfel

10 g Butter

30 g Sonnenblumenkerne

2 EL gehackte Petersilie

2 Eier

150 g Schweinefilet

1 EL Pflanzenöl zum Braten

600 g rohes Bratwurstbrät

5–6 EL kalte Sahne

frisch gemahlener Pfeffer

1 Schweinenetz (beim Metzger

rechtzeitig vorbestellen)

3 Soleier (siehe nächstes Rezept)

1 Bund Suppengrün

1/4 l Fleischbrühe

1 EL Tomatenmark

1. Möhre, Zucchini, Selleriestengel und Broccoli waschen und in winzig kleine Würfel schneiden bzw. in kleinste Röschen zerteilen. Mit den Erbsen in kochendem Salzwasser kurz blanchieren. Mit dem Schaumlöffel herausnehmen und in Eiswasser abschrecken. Auf einem Sieb abtropfen lassen. Man-

goldblätter im kochenden Wasser etwa 1 Minute blanchieren und ebenfalls in Eiswasser abschrecken. Ausgebreitet auf einem Tuch abtropfen lassen.
2. Für den Brotmantel das Sonnenblumenbrot in kleine Würfel schneiden, mit heißer Milch übergießen und etwa 10 Minuten weichen lassen. Die Zwiebelwürfel in erhitzter Butter glasig dünsten. Die Sonnenblumenkerne in einer zweiten Pfanne ohne Fettzugabe goldbraun rösten und mit der Petersilie und den Eier zu den eingeweichten Brotwürfeln.geben, zu einem weichen Brotteig verarbeiten.
3. Das Schweinefilet in etwa 1 cm große Würfel schneiden und im heißen Öl 1 bis 2 Minuten anbraten. Sofort auf einem Sieb abkühlen lassen. Den Backofen auf 180 °C vorheizen.
4. Das Bratwurstbrät in eine Schüssel geben und die eiskalte Sahne löffelweise unterrühren. Dann die Gemüse- und Fleischwürfel mit dem Brätteig vermischen und, falls nötig, noch einmal nachwürzen.
5. Das gewässerte Schweinenetz auf einem großen Küchentuch ausbreiten. Mit den gut abgetropften Mangoldblättern belegen und den Brotteig rechteckig daraufstreichen. Die Bratwurstmasse darüber verteilen, in der Mitte nebeneinander die geschälten Soleier anordnen. Mit Hilfe des Tuches einrollen. Ränder gut festdrücken, überstehendes Schweinenetz abschneiden.
6. Das Netzbratl mit der überlappenden Seite nach unten in eine Bratreine legen und im heißen Backofen etwa 20 Minuten braten. Dann das gewaschene und kleingeschnittene Suppengrün dazugeben und mit etwas Brühe begießen. Noch 40 Minuten braten.
7. Das Netzbratl herausnehmen und warmstellen. Den Bratenfond entfetten, dann das Tomatenmark unterrühren und mit restlicher Brühe aufgießen. Einige Minuten kochen lassen, dann die Sauce mit einem Pürierstab glattmixen und durch ein feines Sieb streichen. Den Braten in Scheiben schneiden und die Sauce getrennt dazu servieren.

Weinempfehlung:

Natürlich kann man zu diesem Braten ein kühles Bier trinken, aber ein sortentypischer, klarer und feinwürziger 93er Weißburgunder vom Weingut Heitlinger in Östringen-Tiefenbach in Baden paßt ebenfalls ausgezeichnet zu dem deftigen Gericht. Leider genießt diese Rebsorte immer noch zu wenig Wertschätzung, dabei gedeihen gerade auf den Keuperböden des Kraichgaus in Baden Weißburgunder, die vorzüglich zu herzhaften Speisen passen.

Soleier

6 Eier

80 g Salz

1 Lorbeerblatt

1 TL Senfkörner

1/2 TL Pfefferkörner

3/4 l Wasser

1. Die Eier in etwa 10 Minuten hart kochen. In kaltem Wasser abschrecken und die Schale leicht anschlagen, daß sie rundherum Risse bekommt. Die Eier in ein Einmachglas schichten.
2. Salz, Gewürze und Wasser einige Minuten kochen, dann erkalten lassen und über die Eier gießen. Kühlgestellt mindestens 1–2 Tage ziehen lassen.

ALFONS SCHUHBECK

Soleier werden geschält, halbiert und der Eidotter herausgedrückt. In die Mulde kommt etwas Essig, scharfer Senf und einige Tropfen Öl. Mit Pfeffer bestreut in den Mund stecken. Man kann die Soleier aber auch als Füllung in Hackbraten oder eben dieses Netzbratl geben.

Spanferkelschulter mit Tannenhonig glasiert

1,2 kg Spanferkelschulter

Salz, frisch gemahlener Pfeffer

2 Schalotten

1 Bund Suppengrün

2 EL Pflanzenöl zum Braten

1 Knoblauchzehe

2 Gewürznelken

2 EL Tannenhonig

1/2 l Wasser

1. Die Haut der Spanferkelschulter am besten gleich vom Metzger rautenförmig einschneiden lassen. Das Fleisch waschen, mit Küchenkrepp trocknen und mit Salz und Pfeffer einreiben.
2. Schalotten schälen und in Stücke schneiden, ebenso das gewaschene Suppengrün. Den Backofen auf 160 °C vorheizen.
3. Das Pflanzenöl in einem Bräter erhitzen und das Fleisch – mit der Hautseite nach unten – bei mittlerer Hitze anbraten. Wenden und auch auf der zweiten Seite kurz anbraten. Dann das vorbereitete Gemüse, die ungeschälte Knoblauchzehe und die Gewürznelken zugeben. Kurz anrösten, 1/4 l Wasser aufgießen. Im heißen Backofen etwa 1 1/2 Stunden braten.
4. Den Honig mit 2 bis 3 EL heißem Wasser verrühren und die Kruste immer wieder damit bestreichen.
5. Das Fleisch herausnehmen und auf eine feuerfeste Platte legen. Den Backofen auf 200 °C schalten, die Spanferkelschulter mit der Kruste nach oben hineinschieben, mit Honigwasser bepinseln und in wenigen Minuten knusprig braten. Anschließend herausnehmen und kurz ruhen lassen.

6. Knoblauchzehe und Nelken aus dem Bratenfond fischen, dann die Flüssigkeit samt Gemüse mit dem Pürierstab fein pürieren. Durch ein Sieb in einen kleinen Topf passieren und sämig einkochen lassen.
7. Das Fleisch in Scheiben schneiden und mit der Sauce servieren. Dazu paßt sehr gut der Backpflaumen-Kartoffelsalat von Seite 44.

Weinempfehlung:

Eine harmonische Ergänzung zu diesem Braten ist ein Rotwein aus dem Barrique, dessen Fülle und Bukett gut zum süßlich-würzigen Gericht paßt. Der 92er »Rote Dialog« aus dem Weingut Albert Heitlinger aus Östringen Tiefenbach in Baden ist eine Komposition verschiedener Rebsorten wie Spätburgunder, Dornfelder und Lemberger, die durch den Dialog untereinander und mit dem Barriquefaß weitere reizvolle Geschmacksnoten erhalten.

ALFONS SCHUHBECK

Sämige Saucen sind gerade bei uns in Deutschland sehr beliebt. Nimmt man Mehl oder Stärkemehl zur Bindung, wird der feine Eigengeschmack verfälscht. Bindet man mit kalten Butterflöckchen, wie es die feine Küche gerne macht, gerät das beim Schweinebraten etwas zu üppig und ist der Figur nicht gerade zuträglich. Mitgegartes Gemüse, dazu ein Pürierstab und ein feines Sieb, das sind die Geheimnisse einer köstlichen und dennoch kalorienarmen gebundenen Sauce.

Haxenfilets in Holundersaft mit Äpfeln geschmort

1 hintere gepökelte Schweinehaxe von 1,6 kg

frisch gemahlener Pfeffer

20 g frische Ingwerwurzel

2 aromatische Äpfel aus biologischem Anbau

Saft von 1/2 Zitrone

2 EL Pflanzenöl zum Braten

200 ml ungesüßter Holundersaft

1/4 l Fleischbrühe

1. Die Schweinehaxe am besten gleich vom Metzger enthäuten und in die Fleischstränge – die dann wie Filets aussehen – zerlegen lassen. Den ausgelösten Knochen mitnehmen.
2. Diese Haxenfilets waschen, mit Küchenkrepp trocknen und mit Pfeffer einreiben. Die Ingwerwurzel schälen und quer zur Faser in dünne Scheiben schneiden. Die Äpfel gründlich waschen, schälen, die Schale aber aufbewahren. Die Früchte mit Zitronensaft beträufeln. Den Backofen auf 160 °C vorheizen.
3. Das Pflanzenöl in einem Schmortopf erhitzen und das Fleisch bei mittlerer Hitze rundherum anbraten, ohne daß es Farbe annimmt. Die Ingwerscheiben und die Apfelschalen zugeben und Holundersaft und die Fleischbrühe aufgießen.
4. Den Knochen hineinlegen, den Topf gut verschließen und das Fleisch im Backofen etwa 1 Stunde schmoren lassen. Die Äpfel halbieren, entkernen und jede Hälfte in vier längliche Spalten schneiden.
5. Das gegarte Fleisch herausnehmen

und in Alufolie gehüllt ruhen lassen. Den Knochen entfernen und die Sauce durch ein Sieb streichen. Falls nötig, noch ein wenig einkochen lassen. Die Apfelstücke einige Minuten in die Sauce legen Die Schnitze sollen außen Farbe annehmen, innen jedoch noch weiß bleiben.

6. Das Fleisch mit den Apfelspalten umkränzt anrichten, mit der Sauce übergießen und mit der gefüllten Kartoffelrolle von Seite 45 servieren.

Getränkeempfehlung:

Die Weine aus der Lage Verrenberger Verrenberg, die im Alleinbesitz des Weingutes Fürst zu Hohenlohe-Öhringen sind, zählen zu den bekanntesten Weinen aus Württemberg. Die fruchtbetonte und dennoch samtige 1992er Verrenberger Verrenberg Spätburgunder Spätlese trocken aus der Schloßkellerei Fürst zu Hohenlohe ist das passende Getränk zu diesem interessanten Schmorgericht.

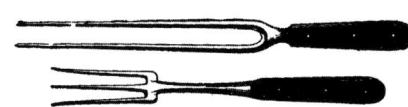

Geschmorte Schweineschulter mit Gemüse

1 kg Schweineschulter
Salz, 10 schwarze Pfefferkörner
2 EL Pflanzenöl zum Braten
1 TL Tomatenmark
1/4 l Weißwein
1/4 l Wasser
1 Lorbeerblatt
1 Rosmarinzweig
2 Möhren
200 g grüne Bohnen
200 g Weißkraut
200 g Kartoffeln
200 g rote Zwiebeln
60 g Butter
1 TL scharfer Senf
frisch gemahlener Pfeffer

1. Das Fleisch waschen, mit Küchenkrepp trocknen und in Würfel schneiden. Mit Salz und den grob zerstoßenen Pfefferkörnern würzen.
2. Das Öl erhitzen und die Fleischwürfel rundum kräftig anbraten. Das Tomatenmark zurühren und mit Weißwein ablöschen. Das Wasser aufgießen, Lorbeerblatt und Rosmarinzweig dazugeben und zugedeckt bei schwacher Hitze etwa 30 Minuten köcheln lassen.
3. Die Möhren waschen, schälen und in Würfel schneiden. Die grünen Bohnen waschen, die Enden abschneiden, dabei eventuell entfädeln. In Stücke zerteilen. Das Weißkraut waschen und in nicht zu schmale Streifen schneiden. Die Kartoffeln schälen und achteln. Die roten Zwiebeln schälen und grob würfeln. Das Gemüse in einer Pfanne in 30 g Butter andünsten. Zum Fleisch geben und untermischen, weitere 20 Minuten garen.
4. Fleisch und Gemüse auf tiefe Teller verteilen. Den Fond etwas einkochen lassen und mit Senf, Salz und Pfeffer würzen. Zum Schluß die restliche Butter in Flöckchen unterschlagen. Über Fleisch und Gemüse verteilen.

ALFONS SCHUHBECK

Der herbsüß-pikante Holundergeschmack verbindet sich gut mit dem leicht salzigen Pökelfleisch. Die feine Fruchtsäure der Äpfel rundet noch die Kombination bestens ab. Da sich direkt unter der Schale nicht nur viele Vitamine, sondern auch die meisten Aromastoffe befinden, sollte man sie unbedingt mitschmoren.

ALFONS SCHUHBECK

Mit scharfem Senf kann man prima abschmecken und tut seiner Gesundheit auch noch etwas Gutes. Er kann die halbe Hausapotheke ersetzen, denn er wirkt antibakteriell und fördert ganz enorm die Verdauung. Die enthaltenen ätherischen Öle verbessern die Durchblutung der Darmwand, helfen Leber und Galle und beugen Völlegefühl vor.

Schweine- kotelett mit Nieren- Kirschfüllung

4 Schweinekoteletts á 250 g

Salz, frisch gemahlener Pfeffer

Für die Füllung:

1 Schweineniere

150 g frische Kirschen

3 Schalotten

5 EL Pflanzenöl zum Braten

1 TL frisch gehackte Majoranblätter

10 g Butter

1 TL Zucker

2 EL Magerquark

Zum Panieren:

2–3 EL Mehl

2 Eier

50 g geriebene Haselnüsse

50 g gehobelte Haselnüsse

1. In die Koteletts am besten gleich vom Metzger eine Tasche einschneiden lassen. Die Koteletts innen und außen mit Salz und Pfeffer einreiben.
2. Für die Füllung die Schweineniere der Länge nach halbieren. Sehnen und Fett mit einem spitzen Messer herauslösen, die Niere etwa 30 Minuten in kaltes Wasser legen.
3. Die Kirschen waschen und entsteinen. Die Schalotten schälen und ganz fein würfeln.
4. Die Niere mit Küchenkrepp trocknen und in kleine Würfel schneiden. 1 EL Öl erhitzen, die Nieren bei starker Hitze kurz anbraten. Den gehackten Majoran zugeben und kurz mitbraten. In eine Schüssel füllen. Die Schalottenwürfel im Bratöl glasig dünsten, dann zu den Nierenwürfeln geben.

5. In einer zweiten Pfanne Butter und Zucker leicht karamelisieren lassen. Die entsteinten Kirschen dazugeben und unter Schwenken der Pfanne kurz anbraten. Mit den Nierenstücken vermischen und abkühlen lassen. Dann den Quark unterrühren und die Mischung in die vorbereiteten Kotelettaschen füllen. Die Öffnungen mit Zahnstochern zustecken.
6. Den Backofen auf 160 °C vorheizen. Die Koteletts nacheinander erst in Mehl wenden, dann in den verquirlten Eiern und zum Schluß in der Haselnußmischung. Die Panierung gut festdrücken.
7. Das restliche Öl in einer großen Pfanne erhitzen und die Koteletts bei mittlerer Hitze auf jeder Seite 2 bis 3 Minuten anbraten. Dann in den heißen Backofen stellen und in etwa 15 Minuten fertig garen.
Dazu paßt das Kirschragout von Seite 93 und Kartoffel-Wirsingpüree.

Weinempfehlung:

Zu diesem außergewöhnlichen Gericht ist der fruchtbetonte Rotwein der Rebsorte Lemberger, wie der 1992er Verrenberger Verrenberg Lemberger aus dem Weingut Fürst zu Hohenlohe in Öhringen, gerade richtig.
Obwohl aus der Rebsorte Lemberger, auch Limberger, herrlich samtige Rotweine entstehen können, die ein wenig an Burgunder erinnern, zählt diese Rebsorte auch in Württemberg eher zu den Raritäten.

ALFONS SCHUHBECK

Das blaßrote, supermagere Schweinefleisch wird beim Braten trocken und hart. Ist das Fleisch aber ein wenig fettdurchwachsen, hat es nicht nur mehr Geschmack es wird auch richtig saftig.
Wer Innereien nicht so gerne mag, nimmt anstelle der Niere in Würfel geschnittenes Kasseler oder rohen Schinken. Kurz anbraten, dann wie die Nierenwürfel mit der restlichen Füllung vermischen.

Varianten

(Füllung für jeweils 4 Schweinekoteletts)

Apfel-Ziegenkäsefüllung

2 mittelgroße Äpfel

20 g Butter

1 TL Zucker

1 TL frisch gehackter Majoran

2 EL gehackte Sonnenblumenkerne

100 g Ziegenkäse

1. Die Äpfel schälen, halbieren und entkernen. Die Hälften in kleine Würfel schneiden. Butter und Zucker karamelisieren lassen, die Apfelwürfel und den Majoran zugeben und goldgelb braten. Von der Kochplatte nehmen und abkühlen lassen. Dann die Sonnenblumenkerne und den Ziegenkäse untermischen.

2. Wie im Rezept auf der linken Seite in die Koteletts füllen und braten.

Birnen-Edelpilzkäsefüllung

2 mittelgroße Birnen

1 EL Birnengeist, grober Pfeffer

2 EL grob gehackte Haselnüsse

60 g Edelpilzkäse

1. Birnen schälen, halbieren, entkernen und in kleine Würfel schneiden. Mit Birnengeist beträufeln und mit Pfeffer bestreuen. 15 Minuten marinieren. Dann mit den Nüssen und dem zerdrückten Käse vermischen.

2. Wie im Rezept auf der linken Seite in die Koteletts füllen und braten.

81

Geräuchertes Rinderfilet mit Käsebrötchen

4 dicke Scheiben Rinderfilet aus

dem Mittelstück zu je 200 g

frisch gemahlener Pfeffer

3 EL Pflanzenöl zum Braten

Salz

1 EL Räuchermehl

Für die Brötchen:

60 g Butter

1 kleine Knoblauchzehe

je 1 TL Thymian, Rosmarin und

Petersilie, gehackt

20 g Weißbrotbrösel

80 g Edelpilzkäse

1 kleiner Kopf Radicchio

12 Scheiben Baguette

1. Die Rinderfiletscheiben mit Pfeffer einreiben. 1 EL Öl in einer Pfanne erhitzen und die Filetscheiben darin auf jeder Seite 1–2 Minuten anbraten. Herausnehmen, nur ganz wenig salzen und auf einen Räucherrost legen. 1 EL Räuchermehl in einen Räucherofen geben, die Filetscheiben mit dem Rost hineinstellen und nach Geräteangabe 8–10 Minuten räuchern.
2. Den Grill oder den Backofen auf 220 °C (Oberhitze) vorheizen. Die Butter cremig rühren und die fein zerdrückte Knoblauchzehe, gehackte Kräuter und die Brösel unterrühren. Den Edelpilzkäse in kleine Würfel schneiden oder mit der Gabel zerdrücken. Den Radicchio halbieren und in feine Streifen schneiden. Beides unter die Buttermischung rühren.
3. Das restliche Öl in einer Pfanne erhitzen und die Weißbrotscheiben darin auf beiden Seiten knusprig rösten. Eine Seite mit der Radicchio-Käsemasse

bestreichen und unter dem heißen Grill oder im Backofen in wenigen Minuten goldgelb gratinieren.
4. Jeweils ein Filetsteak mit drei gratinierten Brötchen anrichten.

Weinempfehlung:
Die alte Ansicht, daß man zu einem dunklen Fleisch, noch dazu mit Räucheraroma, einen Rotwein reichen soll, läßt sich hier eindeutig widerlegen. Sicherlich kann man dazu Rotwein servieren, aber viel interessanter fanden wir nach einigem Probieren einen fränkischen 92er Grauburgunder Spätlese vom Bürgerspital in Würzburg. Obwohl das Haus vor allem für seine legendären Rieslinge und seine fülligen, aber dennoch zarten Silvaner bekannt ist – dem zart-rauchigen Geschmack des Filets und dem würzigen Brot hielt der wuchtige Grauburgunder am besten stand.

ALFONS SCHUHBECK

Räuchern im Haushalt ist noch relativ neu, aber es lohnt sich, es auszuprobieren. Für den Anfang und bei kleinen Mengen geht's auch ohne speziellen Räucherofen. Man streut einen Eßlöffel Räuchermehl in einen Topf, stellt diesen auf eine Kochplatte bei mittlerer Temperatur. Das Fleisch wird auf einem Rost darübergelegt und bei geschlossenen Topf geräuchert. Gut geeignet ist ein Dampfdrucktopf, mit passendem Lochsieb oder ein Wok mit einem Gitterrost.

Ochsenfleisch in Rotwein geschmort

250 g Möhren

4 Zwiebeln

3/4 l kräftiger Rotwein

3/4 l Fleischbrühe

1 Lorbeerblatt

1 kleiner Rosmarinzweig

1 Thymianzweig

Salz, frisch gemahlener Pfeffer

4 cl Weinbrand

1 kg Ochsenschulter

30 g Butterschmalz

1. Die Möhren und die Zwiebeln schälen und in kleine Stücke schneiden. In einen Topf geben, mit Rotwein und Brühe begießen, Lorbeerblatt, Rosmarin und Thymian zugeben. Salzen und pfeffern, zum Kochen bringen. Einmal aufkochen und dann abkühlen lassen. Den Weinbrand dazurühren.
2. Die Ochsenschulter in die Marinade legen, es soll vollständig von der Flüssigkeit bedeckt sein. Mit Klarsichtfolie abdecken und 2 bis 3 Tage kühl gestellt ziehen lassen.
3. Das Fleisch aus der Marinade nehmen, abtropfen lassen und mit Küchenkrepp rundum gut trocknen. In einem Schmortopf das Butterschmalz erhitzen, die Ochsenschulter auf allen Seiten scharf anbraten. Gemüse und Kräuter mit einem Schaumlöffel aus der Marinade heben und zugeben, die Hälfte der Marinade angießen. Zugedeckt bei schwacher Hitze (oder im Backofen bei 120 °C) 2 bis 2 1/2 Stunden schmoren lassen. Zwischendurch immer wieder etwas von der Marinade angießen.
4. Das Fleisch herausnehmen und in Alufolie wickeln. Im Ofen bei 70 °C

warmhalten. Die Kräuter aus dem Bratfond fischen, den Fond mit dem
Gemüse im Topf mit einem Pürierstab
glatt mixen, dann die Sauce durch ein
feines Sieb streichen. Bei starker Hitze
im offenen Topf so lange einkochen lassen, bis die Sauce schön gebunden ist.
5. Das Fleisch aus der Folie wickeln
und in nicht zu dicke Scheiben schneiden. Mit der Sauce anrichten. Dazu
passen gut Semmelknödel.

Tafelspitz

(Für 4–6 Personen)

1,2 kg Tafelspitz
300 g Suppenknochen
Salz
6–8 Pfefferkörner
1 Möhre
1 Lauchstange
1 Thymianzweig
40 g Butter
1 Bund Schnittlauch

1. Tafelspitz und Knochen waschen,
mit kochendem Wasser überbrühen.
Das Fleisch in Eiswasser abschrecken.
Die Knochen auf einem Sieb abtropfen
lassen und mit kaltem, leicht gesalze-
nem Wasser bedeckt aufkochen. Das
Fleisch und die Pfefferkörner zugeben
und bei schwacher Hitze 1 1/2 Stunden zugedeckt leise sieden lassen –
die Brühe darf auf keinen Fall kochen,
sonst wird das Fleisch zäh.
2. Das geputzte, kleingeschnittene
Gemüse und Thymianzweig zugeben,
noch 30 Minuten leise sieden lassen.
3. Das Fleisch herausnehmen und
einige Minuten ruhen lassen. Die Brühe
durch ein Sieb gießen, 1/4 l davon
abnehmen und mit der Butter aufmixen.
Das Fleisch in Scheiben schneiden, mit
der Sauce übergießen und mit fein
geschnittenem Schnittlauch bestreuen.

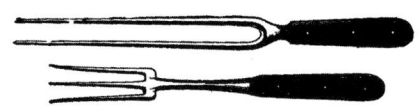

Böfflamott

(Für 6 Personen)

1,5 kg Ochsenfleisch aus der Oberschale
2 Zwiebeln
1 Bund Suppengrün
1/4 l Rotweinessig
1/4 l Rotwein, z. B. ein 93er Würz-burger Pfaffenberg Spätburgunder
1 l Wasser
5 Pfefferkörner
1 Lorbeerblatt
2 Wacholderbeeren
1 Thymianzweig
30 g Butterschmalz
1/2 Kalbsfuß, kleingehackt

1. Das Ochsenfleisch waschen und in
eine Schüssel legen. Zwiebeln schälen
und in dicke Scheiben schneiden, das
Suppengrün waschen, kleinschneiden
und zum Fleisch geben. Essig, Rotwein
und Wasser zum Kochen bringen, die
Pfefferkörner, Lorbeerblatt, Wacholderbeeren und Thymian zugeben und aufkochen lassen. Abgekühlt über das
Fleisch gießen und mit Klarsichtfolie
abgedeckt 3–4 Tage kalt stellen.
2. Danach das Fleisch aus der Marinade nehmen und mit Küchenkrepp
trocknen. Das Butterschmalz in einem
Schmortopf erhitzen und das Ochsenfleisch darin rundherum scharf anbraten. Das abgetropfte Gemüse und die

gewaschenen Kalbsfußstücke dazugeben und anschmoren. Mit der Hälfte
der Marinade begießen und zugedeckt bei schwacher Hitze 2–3 Stunden schmoren, dabei immer wieder mit
der restlichen Marinade begießen.
3. Das Fleisch herausnehmen und in
Alufolie gehüllt kurz ruhen lassen. Die
Kräuter und die Knochen heraus-
fischen, dann den Bratenfond samt
dem Gemüse mit einem Pürierstab glattmixen. Durch ein Sieb streichen und
die Sauce bei starker Hitze sämig einkochen lassen.
4. Das Fleisch in Scheiben schneiden
und mit der Sauce und gekochten Kartoffeln oder Semmelknödeln servieren.

Weinempfehlung:
Dazu harmoniert ein trockener fränki-
scher Spätburgunder, zum Beispiel der
92er Würzburger Pfannenberg aus
dem berühmten fränkischen Weingut
Bürgerspital in Würzburg. Rotweine
sind im fränkischen Weinland immer
noch eine rare Spezialität, allerdings ist
zu diesem typisch bayerischen Gericht
dieser gerbstoffbetonte Spätburgunder
aus dem Holzfaß genau das Richtige.

ALFONS SCHUHBECK

**Böfflamott ist ein kulinarisches
Überbleibsel aus der
Zeit französischer Besatzung in
Bayern. Da dieser saftige
Schmorbraten den Bayern so gut
schmeckte, wurde kurzerhand
auch der französische Name
»Bœuf à la mode« ins Bayerische
übersetzt.**

*

**Bevorzugen Sie für dieses Schmor-
gericht unbedingt ein
marmoriertes, also von Fettadern
durchzogenes Ochsenfleisch.**

83

Lammgröstl auf Herbsttrompeten und Bohnengemüse

100 g rote Bohnenkerne

100 g schwarze Bohnenkerne

100 g weiße Bohnenkerne

2 kleine Zwiebeln

1 Knoblauchzehe

4 EL Pflanzenöl zum Braten

1/2 l Fleischbrühe

250 g Herbsttrompeten

Salz

800 g Lammfleisch aus der Keule

frisch gemahlener Pfeffer

1/2 TL frische Thymianblätter

1/4 l Lammfond (aus dem Glas

oder selbst zubereitet)

30 g Butter

1 EL frisch gehackte Petersilie

1. Die drei verschiedenen Bohnenkerne zusammen in reichlich kaltem Wasser über Nacht einweichen.
2. Am nächsten Tag auf ein Sieb gießen und gut abtropfen lassen. Zwiebeln und Knoblauch schälen, in kleine Würfel schneiden und in 2 EL Öl glasig dünsten. Die Bohnen zugeben, die Fleischbrühe aufgießen. In etwa 30 Minuten weichkochen.
3. Die Herbsttrompeten putzen, waschen und in kochendem Salzwasser kurz blanchieren. Auf einem Sieb abtropfen lassen.
4. Das Lammfleisch in 1 1/2 cm große Würfel schneiden. Das restliche Öl in einer Pfanne erhitzen und die Fleischwürfel darin rundum anbraten. Mit Salz, Pfeffer und Thymian würzen, kurz schmoren lassen. Mit einem

Schaumlöffel herausheben und auf einem Sieb abtropfen lassen, dabei den Fleischsaft auffangen.
5. Den Bratensatz mit dem Lammfond (eventuell aus dem Glas) ablöschen und bei starker Hitze um die Hälfte einkochen lassen.
6. Die Butter in einer Pfanne erhitzen und die Pilze darin kurz anbraten, mit Salz und Pfeffer würzen.
7. Die Lammfleischwürfel mit dem aufgefangenen Fleischsaft zurück in den eingekochten Fond geben und durchschwenken, würzig abschmecken.
8. Das Bohnengemüse in tiefen Tellern anrichten, das Lammgröstl darüber verteilen und mit Herbsttrompeten und Petersilie bestreuen.

Weinempfehlungen:

Zum Lammgröstl paßt ein Spätburgunder, zum Beispiel vom fränkischen Rotweinspezialisten Rudolf Fürst. Seine 90er Spätburgunder Spätlese aus dem Barrique ist mit ihren eleganten Holztönen ein gelungener Wein.
Zum Carpaccio schmeckt zum Beispiel der Parzival (Spätburgunder aus dem Barrique) vom Weingut Rudolf Fürst. Mit 55% Rotweinanbau ist das Weingut ein absoluter Außenseiter in dieser Region – aber längst kein Geheimtip mehr unter Weinkennern.

ALFONS SCHUHBECK

Immer mehr entdecken den aromatischen Geschmack von Fleisch, das von Tieren stammt, die sich noch in Gottes freier Natur bewegen dürfen. Das alte Vorurteil, Lamm hätte einen unangenehmen, leicht tranigen Geschmack, stammt noch aus der Zeit, als man die Tiere erst spät geschlachtet hat. Heute kommen die Lämmer vorwiegend im jugendlichen Alter von 6 Monaten bis zu einem Jahr unter das Messer.

Lammcarpaccio mit Kürbiskernen auf Ruccola

300 g schieres Lammfleisch (Keule)

3 EL Kürbiskerne

4 EL Pflanzenöl

2 EL Balsamessig

Saft von 1/2 Zitrone

Salz, frisch gemahlener Pfeffer

2 EL Kürbiskernöl

1 Bund Ruccola

1 Fleischtomate

1 Schalotte

1. Das Lammfleisch kurz im Gefrierfach frosten, dann mit scharfem Messer oder einer Brotmaschine in dünne Scheiben schneiden. Starke Frischhaltefolie ausbreiten, die Fleischscheiben darauflegen und mit einer zweiten Folie bedecken. Kalt stellen.
2. Die Kürbiskerne in 1 EL Öl goldbraun braten. Zur Seite stellen. Essig, Zitronensaft, Salz und Pfeffer verrühren, bis sich das Salz aufgelöst hat. Dann das restliche Öl und das Kürbiskernöl unter Rühren dazugießen.
3. Ruccola verlesen, waschen und gut abtropfen lassen. Die Fleischtomate überbrühen, häuten, halbieren und entkernen. Das Fruchtfleisch und die geschälte Schalotte in kleine Würfel schneiden. Ruccola, Tomaten- und Schalottenwürfel vermischen und mit der Hälfte der Salatsauce beträufeln.
4. Die Fleischscheiben mit der Breitseite eines Fleischklopfers flach klopfen, aus der Folie nehmen und auf vier Teller verteilen, mit dem zurückbehaltenen Dressing bestreichen und jeweils in die Mitte etwas Ruccolasalat häufen. Mit Kürbiskernen bestreut servieren.

Fleischpflan- zerlkuchen mit Spinat und Pfifferlingen

300 g Blätterteig

Für die Füllung:

2 Zwiebeln

20 g Butter

1 altbackene Semmel

500 g gemischtes Hackfleisch

1 Ei

1/2 TL gerebelter Majoran

1 TL scharfer Senf

Salz, frisch gemahlener Pfeffer

200 g junge Spinatblätter

1 EL Pinienkerne

frisch geriebene Muskatnuß

150 g möglichst kleine Pfifferlinge

30 g geräuchertes Wammerl

(durchwachsener Räucherspeck)

Für den Eierguß:

1/4 l Sahne

3 Eigelb

1 EL scharfer Senf

Salz, frisch gemahlener Pfeffer

Cayennepfeffer

1. Den Blätterteig ausrollen. Boden und Rand einer mit kaltem Wasser ausgespülten Springform von 28 cm Durchmesser damit auskleiden. In den Kühlschrank stellen.
2. Die Zwiebeln schälen, in kleine Würfel schneiden und in der Butter glasig dünsten. Die Semmel in warmem Wasser einweichen. Die Hälfte der Zwiebeln mit dem Hackfleisch, der ausgedrückten Semmel und dem Ei zu einem Fleischteig verkneten. Mit Majo-

ran, Senf, Salz und Pfeffer herzhaft würzen und kleine Fleischpflanzerl im Durchmesser von 3 cm daraus formen. Kreisförmig in die ausgekleidete Kuchenform setzen.
3. Die Spinatblätter verlesen, sorfältig waschen und kurz in kochendem Salzwasser überbrühen. Gut abtropfen lassen, grob hacken und mit Pinienkernen und den zurückbehaltenen Zwiebeln vermischen. Mit Salz, Pfeffer und Muskat würzen.
4. Die Pilze putzen, nur wenn nötig waschen, größere Exemplare halbieren. Das Wammerl in kleine Würfel schneiden und zusammen mit den Pilzen anbraten. Unter den Spinat mischen, noch einmal abschmecken und abkühlen lassen. Den Backofen auf 200 °C vorheizen.
5. Die Pilz-Spinatmischung zwischen die Fleischpflanzerl füllen.
6. Sahne, Eigelb und Senf im Mixer verquirlen, mit Salz, Pfeffer und Cayennepfeffer pikant abschmecken und gleichmäßig über die Pflanzerl und das Gemüse gießen. Die Füllung muß völlig mit Eiersahne bedeckt sein. Im heißen Backofen in etwa 30 Minuten goldbraun backen. Vor dem Anschneiden einige Minuten ruhen lassen.

Weinempfehlung:
Eine 93er Weißburgunder Spätlese vom Weingut Hans Wirsching mit großer Fülle und feiner Finesse paßt optimal zu dem herzhaften Kuchen. Obwohl das Weingut Wirsching in Iphofen (Franken) vor allem (über 30%) die typische Frankenrebe, den Silvaner anbaut, gefolgt von Müller-Thurgau, spürt man auch beim Weißburgunder den gekonnten Ausbau im Stahltank.

Fleischknödel im Kartoffel- mantel auf Ratatouille

Für die Fleischknödel:

150 g geräuchertes Wammerl

(durchwachsener Räucherspeck)

500 g Lammhackfleisch

1 altbackene Semmel

1 Zwiebel

1 Knoblauchzehe

10 g Butter

1 Ei

2 EL kleine Kapern

2 EL Rosinen

Salz, frisch gemahlener Pfeffer

1/2 TL gehackte Thymianblätter

Für den Kartoffelmantel:

500 g mehligkochende, frisch gegarte Kartoffeln

100 g Speisestärke

2 Eigelb

2 EL flüssige Butter

Salz

Für das Ratatouille:

1 kleine Aubergine

2 kleine Zucchini

1 rote Paprikaschote

1 Gemüsezwiebel

2 Fleischtomaten

4 EL Pflanzenöl

je 1 Zweig Rosmarin und Thymian

Salz, frisch gemahlener Pfeffer

4–5 EL trockener Weißwein

1. Das Wammerl entweder durch den Fleischwolf drehen oder fein hacken

und mit dem Lammhack vermischen. Die Semmel in kaltem Wasser einweichen. Zwiebel und Knoblauchzehe schälen und in kleine Würfel schneiden, in der Butter glasig dünsten. Die fest ausgedrückte Semmel, Zwiebel mit Knoblauch, Ei, Kapern und Rosinen zum Lammhackfleisch geben und gründlich zu einem Fleischteig verkneten. Herzhaft mit Salz, Pfeffer und Thymian würzen.

2. Die gekochten Kartoffeln schälen und heiß durch eine Kartoffelpresse drücken. Ausgedampft und abgekühlt mit der Speisestärke, Eigelb, Butter und Salz zu einem glatten Teig verkneten. In einem großen Topf reichlich Salzwasser zum Kochen bringen.

3. Den Lammfleischteig zu kleinen Kugeln, den Kartoffelteig zu Knödeln formen. In die Mitte der Kartoffelknödel eine Vertiefung drücken und die Lammkugeln hineinlegen. Ganz mit Kartoffelteig umhüllen und zu Knödeln drehen. Im kochenden Salzwasser 6 bis 8 Minuten garen.

4. Für das Ratatouille die Aubergine, Zucchini und die rote Paprikaschote waschen, die Zwiebel schälen und die Tomaten kurz überbrühen und häuten. Die Paprika halbieren, Trennhäute und Kerne entfernen, Fruchtfleisch in kleine Würfel schneiden, ebenso das übrige Gemüse. Öl erhitzen und das Gemüse bis auf die Tomaten darin andünsten. Rosmarin und Thymian dazugeben, mit Salz und Pfeffer würzen, den Wein zugießen. Kurz vor Ende der Garzeit die Tomatenwürfel dazugeben und kurz mitschmoren.

5. Die Knödel mit einem Schaumlöffel herausheben und gut abgetropft auf dem bunten Gemüse anrichten.

Weinempfehlung:

Das intensive Bukett und die nachhaltige Würze der körperreichen Scheurebe Kabinett, Jahrgang 1990, aus dem bekannten fränkischen Weingut Hans Wirsching ist eine schöne Ergänzung zu diesem außergewöhnlichen Hackfleischgericht.

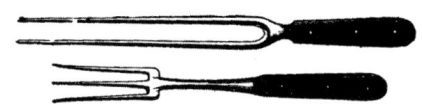

Kalbstatar auf Kartoffelpüfferchen mit saurer Sahne

(Vorspeise)

Für die Kartoffelpuffer:
250 g festkochende Kartoffeln
1 Eigelb
Salz, frisch gemahlener Pfeffer
frisch geriebene Muskatnuß
Butterschmalz zum Braten
Für das Kalbstatar:
250 g schieres Kalbfleisch
1/2 Bund Basilikum
1 Knoblauchzehe
2 EL Pflanzenöl
Salz, frisch gemahlener Pfeffer
2 EL saure Sahne
einige Basilikumblätter zum Garnieren

1. Für die Puffer die Kartoffeln schälen, fein reiben und in einem Tuch ausdrücken. Mit Eigelb vermischen und mit Salz, Pfeffer und Muskat würzen.

2. Das Kalbfleisch frisch durch den Fleischwolf drehen. Von den Basilikumstengeln die Blätter abzupfen und mit der geschälten Knoblauchzehe in einem Mörser zerstoßen. Salzen und pfeffern und langsam unter Rühren das

Öl dazugießen. Es muß eine geschmeidige Paste entstehen. Diese Mischung unters Kalbshack mischen und im Kühlschrank mindestens 5 Minuten durchziehen lassen.

3. Inzwischen mit einem Teelöffel jeweils einen Klecks Kartoffelmasse in das heiße Butterschmalz setzen, flachstreichen und rasch auf beiden Seiten goldbraun braten. Auf Küchenkrepp abtropfen lassen. Auf diese Weise 8 kleine Puffer braten.

4. Aus dem Kalbstatar kleine Kugeln formen und auf die Kartoffelplätzchen setzen. In die Mitte eine kleine Vertiefung drücken und etwas saure Sahne hineingeben. Mit Basilikumblättern garniert servieren.

Weinempfehlung:

Ein feinwürziger Müller-Thurgau aus dem Hause Wirsching, z. B. ein 92er Iphöfer Kronsberg Kabinett paßt gut zu dieser pfiffigen Vorspeise.

Reduziert man den Ertrag der Rebsorte Müller-Thurgau erheblich und baut die Weine schlank und modern aus, wie es bei Wirsching üblich ist, dann entstehen daraus elegante Weine mit einer angenehmen, dezenten Säure.

Alfons Schuhbeck

Man kann die Kartoffelmasse auch auf einmal in die Pfanne geben und auf beiden Seiten goldbraun braten. Anschließend mit einem Ausstecher kleine Plätzchen ausstechen.

*

Diese Vorspeise ist auch ein netter Begrüßungshappen wenn man Gäste hat oder ein witziger, mundgerechter Imbiß bei einer Stehparty.

Originelles mit Früchten

Aller Anfang ist Eva

Die beliebteste Fernsehsendung ist die »Sprechstunde«. Obwohl sich keiner an die Ratschläge hält. Aber wissen möcht's jeder, was wär, wenn er's täte …
Also, Obst ist angesagt. Die Eva mit ihrem Apfel, das war praktisch die Ur-Antje-Kühnemann, die hat dem Adam gleich mal einen gesunden Ernährungsvorschlag gemacht. Das kann man sich heut' nicht mehr vorstellen, daß eine Frau einen Mann mit einem Apfel verführt …

Besonders nicht bei den Preisen. So wie beim Viktualienmarkt, da wollten s' neulich für einen einzigen Apfel zwo Mark siebzig!

Meine Damen, ham Sie schon amal versucht, einen Mann mit einem Apfel zum Sex zu verführen? Hätt' der Adam nicht angebissen, tät's uns hier net geben! Heute lockt man keinen Mann mehr mit einem Apfel hinter dem Ofen vor, geschweige denn einen nackerten. Ich kann mir nicht vorstellen, daß ich einen bayrischen Mann mit einem Apfel hinter seinem Fernseher hervorlocken könnt'!

Fit im Kanalhüpfen

Eine bayrische Schöpfungsgeschichte hätte mit einem Schweinsbraten für Adam angefangen. Mit Charme fängt man sie, mit Speck hält man sie. Aber der Apfel hat den Vorteil, daß der Adam schön dünn geblieben ist. Drahtig, muskulös. Das einzige, was sich beim durchschnittlichen männlichen Zweizentner-Fernsehzuschauer entwickelt, ist der Zap-Muskel, weil seine anstrengenste Sportart das Kanalhüpfen ist, von ZDF zu RTL zu 3Sat zu ORF und zurück in die ARD! Und dazu Chips und Cracker in allen Variationen, mit Paprika und ohne Paprika, mit Salz oder ohne Salz (wegen Bluthochdruck), aber immer mit viel Fett. Kalorien bis zum Geht-nicht-mehr. Und Bier! Und dazwischen gibt die Fernsehärztin

gerade Ratschläge zu Diäten, Bluthochdruck und Herzinfarkt.

Aber irgendwann hat jeder Mann zwischen 30 und 50 den Wahn von einer Obstdiät. Obst schmeckt ja auch. Ist gesund, treibt die Schlacken aus dem Körper, fördert die Verdauung.

Obst formt den Menschen

Das Problem bei der Ernährung ist halt, daß jeder irgendwann so ausschaut wie des, was er ißt. Manchmal, wenn ich mir so an g'standenen Herrn anschau, muß ich allerdings sagen: »Des G'müs' kenn i no net!« Aber unser Kanzler beispielsweise, der hat eindeutig eine Birnen-Diät hinter sich.

Diäten sind ja ein ein rein westliches Phänomen. So eine Obst-Diät hätt' in Biafra keinen durchschlagenden Erfolg. Nicht, weil sie nicht wollen, sondern weil sie nicht mal Obst haben. Oder kein Geld für Obst. Das, was wir unter schwierigsten disziplinären Bedingungen eventuell essen würden, um dünn zu bleiben – net amal des ham die.

Die Relativität des leeren Magens

Sie kennen doch auch diesen Spruch: »Mensch, ich hab' heut' noch gar nix gegessen!« Der eine, der's sagt, ist ein deutscher durchschnittlicher Mensch, das andere ist ein durchschnittlicher biafranischer Mensch. Nur mit dem Unterschied, daß zweiterer die letzten zwei Monate auch nix gessen hat. Aber die Gegenüberstellung nutzt ja auch nix. Das Fernsehen hat uns abgestumpft. Beispiel: Meldung – »In Äthiopien nimmt die Hungerkatastrophe wieder bedrohliche Ausmaße an, in den nächsten fünf Monaten werden zwanzigtausend Kinder sterben«. … Und

anschließend: »Genießen erlaubt«.
Oder: »Im bayrischen Vilsbiburg hat
ein Familienvater seine Frau und seine
vier Kinder erschlagen … und nun zum
Wetter …!« Wo soll ma'n da noch a
Anteilnahme herkrieg'n?
Das nennt man dann »Programmkoordi-
nation«, wenn sich die Sendungen
gegenseitig neutralisieren!

Ich mein' ja nur, des könnt' der westli-
che, fettleibige Mensch beim Obstes-
sen ja ab und zu in sei'm Kopf drinha-
ben, solche Gedanken. Tät nicht
schaden.

Adam war's, mit einer Banane

Aber zurück zur Eva und dem Apfel.
Ich hab' da kürzlich eine Meldung ge-
lesen: Ein schwedischer Archäologe
will durch Ausgrabungen belegt
haben, daß Adam die Eva verführt hat
– und zwar mit einer Banane! Und die
Schlange hat sich nach dem Ausrut-
schen auf der Bananenschale das Ge-
nick gebrochen! – Alles paletti? O.K. –
Aber Obst bleibt Obst.

Zwetschgen-blaukraut

1 kleiner Kopf Blaukraut (Rotkohl) von etwa 800 g

Salz

80 ml Rotweinessig

1 Zwiebel

1 Apfel

30 g Butter

1 EL Zucker

1 Lorbeerblatt

200 ml Gemüsebrühe

400 g vollreife Zwetschgen

1/8 l Rotwein

50 g Zucker

1 Stückchen Zimtstange

2 EL Armagnac

1. Vom Blaukraut die äußeren, meist nicht mehr so schönen Blätter entfernen, den Kohlkopf halbieren und den harten Strunk herauslösen. Die Hälften auf dem Krauthobel oder mit einem scharfen Messer in möglichst feine Streifen schneiden.
2. Das Kraut mit Salz bestreuen und mit Essig übergießen. Kräftig und gründlich durchmischen und zugedeckt 2 Stunden stehen lassen.
3. Zwiebel und Apfel schälen. Den Apfel halbieren, entkernen und würfeln. Die Zwiebel in Würfel schneiden und mit den Apfelwürfeln in der heißen Butter anbraten. Mit Zucker bestreuen, leicht karamelisieren lassen, dann das Blaukraut mit Flüssigkeit zugeben. Kurz anschmoren, das Lorbeerblatt dazugeben und mit Brühe aufgießen. Zugedeckt bei mittlerer Hitze etwa 30 Minuten schmoren lassen.
4. Inzwischen die Zwetschgen waschen, trocknen, halbieren und entkernen. Die Hälften längs in schmale Spalten schneiden.

5. Rotwein, Zucker und Zimtstange aufkochen, die Zwetschgenstreifen hineingeben und in wenigen Minuten weich kochen. Mit einem Schaumlöffel herausheben und die Hälfte davon im Mixer pürieren. Den Armagnac in den Rotweinsud gießen und um etwa die Hälfte einkochen lassen. Die Zimtstange entfernen. Das Zwetschgenmus und die Fruchtspalten zusammen mit dem reduzierten Saft unter das gegarte Blaukraut mischen und noch etwa 5 Minuten durchziehen lassen. Das Lorbeerblatt entfernen und das Kraut eventuell nachwürzen.

Weinempfehlung:

Zum Zwetschgenblaukraut mit Kassler würde zwar sicherlich auch so mancher schwere Rotwein gut passen, aber es lohnt sich auch, einmal einen säurebetonten, körperreichen Spätburgunder Weißherbst Spätlese (Hochheimer Stielweg Jahrgang 1992) aus dem Weingut Aschrott'sche Erben im Rheingau dazu zu probieren. Viel Frucht und ein gutes Säurepotential sorgen dafür, daß der Wein bei dem sehr geschmacksintensiven Gericht nicht untergeht. Das traditionsreiche Weingut gehörte einst den Bischöfen zu Mainz und wurde 1823 vom Bankier Aschrott übernommen. Noch immer werden Rieslinge im klassischen Holzfaß ausgebaut, wobei fruchtsüße Spät- und Auslesen zu den Spezialitäten gehören. Immerhin gehören zum Besitz des Gutes Weinberge in fast allen guten Lagen Hochheims.

Herbsüßes Kirschragout

1 kg schwarze Kirschen

1 1/2 l kräftiger Rotwein

1/4 l roter Portwein

100 ml Grenadinesirup

100 ml Wildkirschlikör

100 ml Johannisbeerlikör

2 EL Honig

2 EL Kirschwasser

1. Kirschen waschen, gut abtropfen lassen und mit einem Entsteiner die Kerne so entfernen, daß die Früchte ganz bleiben.
2. Rotwein und Portwein zusammen in einem offenen Topf auf die Hälfte der Menge einkochen lassen.
3. Grenadinesirup, Kirsch- und Johannisbeerlikör sowie den Honig dazugeben und erneut auf ein Drittel Flüssigkeitsmenge einkochen lassen.
4. Dann die entsteinten Kirschen dazugeben, kurz aufkochen und zugedeckt abkühlen lassen. Danach das Kirschwasser unterrühren.
5. Das Kirschragout zugedeckt im Kühlschrank durchziehen lassen.

ALFONS SCHUHBECK

Dieses Kirschragout schmeckt zu herzhaften Gerichten wie etwa dem gefüllten Schweinekotelett auf Seite 80, aber auch zu Süßspeisen wie einem Quarkauflauf oder Vanilleeis. Wer's dazu noch süßer möchte, gibt einige Löffel Zucker hinzu.

*

Das Zwetschgenblaukraut ist eine prima Beilage zu Kasseler, eventuell mit Backpflaumen gefüllt.

Trauben-Preiselbeer-strudel

Für den Strudelteig:

250 g Mehl

1 Prise Salz

1 EL Pflanzenöl

knapp 1/8 l lauwarmes Wasser

Mehl zum Ausrollen

Für die Füllung:

500 g weiße, kernlose Trauben

2 EL Mandelblättchen

3 EL gemahlene Haselnüsse

100 ml saure Sahne

100 ml Sahne

2 EL Zucker

2 cl Tresterbrand

50 g Butter

200 g Preiselbeeren oder Moosbeeren

Puderzucker zum Bestäuben

1. Aus Mehl, einer Prise Salz, Öl und lauwarmem Wasser einen Strudelteig kneten und etwa 30 Minuten zugedeckt ruhen lassen.
2. Die Trauben waschen, die Beeren von den Stielen zupfen und halbieren. Die Mandelblättchen mit den Haselnüssen in einer Pfanne ohne Fett unter Rühren goldgelb rösten.
3. Die saure und die süße Sahne, Zucker und den Tresterbrand mit den Trauben vermischen.
4. Ein großes Tuch mit Mehl bestäuben und den Strudelteig darauf so dünn wie möglich ausrollen. Dann den Teig über den Handrücken so dünn wie möglich ausziehen. Den Backofen auf 180 °C vorheizen.
5. Die Butter erwärmen und mit der Hälfte davon die Teigplatte bestreichen. Die Mandel-Nußmischung darüber streuen und die Traubenmischung darauf verteilen. Mit den gewaschenen und gut abgetropften Preiselbeeren oder Moosbeeren bestreuen und den Strudel mit Hilfe des Tuches von der breiteren Seite her nicht zu fest aufrollen. Mit Hilfe des Tuches in eine gefettete Bratreine gleiten lassen und die Teigoberfläche mit weiterer flüssiger Butter bestreichen.
6. Den Strudel in den Backofen schieben und in 35–40 Minuten goldbraun backen, dabei gelegentlich mit etwas Butter bestreichen.
7. Vor dem Anschneiden kurz ruhen lassen. Dann mit Puderzucker bestäuben und lauwarm servieren.

Weinempfehlung:

Der feine Geschmack von Trauben in Verbindung mit den Nüssen kommt mit einem kleinen Gläschen edelsüßem Wein erst richtig zur Geltung. Köstlich zum Beispiel eine Riesling Auslese von der Lage Hochheimer Kirchenstück, Jahrgang 1991, aus dem Weingut Aschrott'sche Erben.

Der am 11. Dezember 1991 mit 122 Grad Öchsle gelesene Wein zählt nicht zuletzt wegen der leichten Edelfäule zu den ganz feinen Auslesen dieses Jahrgangs.

ALFONS SCHUHBECK

Von Ende Oktober bis Anfang Dezember sollten Sie die Trauben mal durch Quitten ersetzen. Die harten Früchte müssen geschält, entkernt und in Würfel geschnitten werden. Sonst bleibt die Zubereitung gleich. Man kennt heute viele Früchte aus aller Welt, aber die heimische Quitte ist fast in Vergessenheit geraten. Dabei hat sie ein exotisch-würziges Aroma. Es gibt Birnen- und Apfelquitten, wobei ich die letzteren bevorzuge, weil sie sich beim Kochen nicht bräunlich verfärben.

Varianten

Quitten-Birnen-Strudel

2 große Quitten und 4 reife Birnen waschen, schälen und das Kerngehäuse entfernen. Das Fruchtfleisch in Würfel schneiden. Mit 50 g Zucker, 150 ml saurer Sahne, 3 EL süßer Sahne, 2 EL geriebenen Haselnüssen, 2 EL Mandelblättchen, 2 EL Zitronensaft, 2 EL Rum und 20 g Sultaninen vermischen. 30 Minuten ziehen lassen. Den Strudelteig wie im nebenstehenden Rezept ausrollen und hauchdünn ausziehen, dann mit flüssiger Butter bepinseln. Die Quitten-Birnenmischung darauf verteilen und den Strudel mit Hilfe des Tuches aufrollen, in eine ausgefettete Bratreine legen. Im vorgeheizten Backofen bei 200 °C etwa 35 Minuten backen. Mit Puderzucker bestäuben.

Kirschenstrudel

700 g Herzkirschen entsteinen und mit 4 cl Kirschwasser und 40 g grob gehackten Pistazien vermischen, etwa 20 Minuten durchziehen lassen. Den Strudelteig hauchdünn ausziehen, mit 30 g flüssiger Butter bepinseln. 1/8 l saure Sahne und 3 EL süße Sahne mit 2 EL Vanillezucker verrühren und auf die Teigplatte streichen. 2 EL Zwiebackbrösel und 3 EL gemahlene Haselnüsse in 40 g Butter goldbraun rösten, mit etwas Zimt würzen und den Teig damit bestreuen. Die marinierten Kirschen darauf verteilen und den Strudel mit Hilfe des Tuches aufrollen. Im vorgeheizten Backofen bei 200 °C 30–35 Minuten backen. Mit Puderzucker bestäuben.

Birnencreme auf Schokosauce

Für die Birnencreme:

1 l Wasser

300 g Zucker

1 kg vollreife Birnen, am besten

Williams Christ

1/8 l trockener Weißwein

200 ml Champagner

Saft von 1 Zitrone

2 Blatt Gelatine

2 EL Birnengeist

2 Eiweiß

1 EL Zucker

1/8 l Sahne

Für die Schokoladensauce:

1/8 l Sahne

1/8 l Milch

80 g Zartbitter-Kuvertüre

40 g Nougatmasse

2 EL geschlagene Sahne

Minzeblättchen zum Garnieren

1. Wasser und Zucker zum Kochen bringen und so lange kochen, bis dieser Läuterzucker sirupartig wird.
2. Birnen schälen, halbieren und entkernen.
3. Den Läuterzucker und jeweils zwei Drittel vom Weißwein und dem Champagner mit dem Saft von einer halben Zitrone aufkochen. 4 Birnenhälften darin nicht zu weich pochieren. Die übrigen Birnen in dem restlichen Wein, Champagner und Zitronensaft kochen und anschließend durch ein feines Sieb streichen. Dies sollte etwa 250 g Birnenmus ergeben.
4. Die Gelatine in kaltem Wasser einweichen und gut ausgedrückt unter das

heiße Birnenmus rühren. Mit Birnengeist abschmecken und kühlgestellt leicht angelieren lassen:
5. Inzwischen die Birnenhälften in sehr feine, längliche Spalten schneiden und vier Portionsförmchen fächerförmig damit auskleiden.
6. Die Eiweiß mit dem Zucker zu steifen Schnee schlagen. Die gut gekühlte Sahne ebenfalls steif schlagen, beides unter das zu gelieren beginnende Birnenmus heben. Die Masse in die ausgekleideten Förmchen füllen und im Kühlschrank in etwa 2 Stunden erstarren lassen.
7. Für die Schokoladensauce Milch und Sahne erhitzen und die kleingeschnittene Kuvertüre sowie die Nougatmasse unter Rühren darin auflösen. Abkühlen lassen und kurz vor dem Servieren die steifgeschlagene Sahne unterziehen.
8. Die Sauce als Spiegel auf Teller gießen, die Birnencreme darauf stürzen und mit Minzeblättern garnieren.

ALFONS SCHUHBECK

Die Birnencreme schmeckt am besten im Spätherbst aus baumreifen, frisch geernteten Birnen – nur dann kommt das Aroma der Früchte voll zur Geltung.

*

Zum Überbacken mit Eischaum eignen sich auch Himbeeren oder Erdbeeren. Zur Abwechslung kann man die Schaumhaube auch vorher noch zusätzlich mit Mandelblättchen bestreuen.

Mit Eischaum überbackene Brombeeren

600 g Brombeeren

1 EL Zitronensaft

1 EL Zucker

1 Eiweiß

2 EL Puderzucker

1 Eigelb

1 EL Magerquark

100 g geschlagene Sahne

1. Die Beeren entstielen, falls nötig kurz waschen und gut abtropfen lassen. Mit Zitronensaft und Zucker vermischen und etwa 20 Minuten ziehen lassen. Den Grill oder den Backofen auf 250 °C, wenn möglich mit zugeschalteter Oberhitze, vorheizen.
2. Eiweiß mit 1 Eßlöffel Puderzucker steif schlagen. Eigelb mit dem restlichen Puderzucker hellschaumig aufschlagen. Beides miteinander locker vermischen, dabei den Quark und die geschlagene Sahne unterziehen.
3. Die Beeren auf vier feuerfeste Schalen verteilen, den Schaum daraufhäufen und im heißen Grill oder Backofen in wenigen Minuten goldgelb überbacken. Sofort mit etwas Puderzucker bestäubt auftragen.

96

Strudel mit Grieß-Erdbeerfüllung

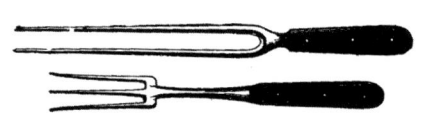

Für den Strudelteig:

250 g Mehl

Salz

1 Eigelb

2 EL Öl

knapp 1/8 l Wasser

Für die Füllung:

150 g Butter

1 Prise Salz

5 Eigelb

200 g Weizengrieß

1/4 l saure Sahne

5 Eiweiß

50 g Zucker

500 g frische Erdbeeren

50 g flüssige Butter

Puderzucker zum Bestäuben

1. Das Mehl mit Salz auf ein Backbrett häufen, in die Mitte eine Mulde drücken und das Eigelb, 1 EL Öl und so viel Wasser hineingeben, daß ein knetbarer Teig entsteht. Mit den Handballen kneten, bis er glatt und glänzend ist. Mit restlichem Öl bestreichen, unter einer angewärmten Metallschüssel 30 Minuten ruhen lassen.
2. Für die Grießfüllung Butter und Salz schaumig rühren und nach und nach die Eigelb und dann den Grieß dazugeben. Die Eiweiß zu steifem Schnee schlagen, den Zucker einrieseln lassen und so lange weiterschlagen, bis der Schnee schnittfest ist. Dann gleichmäßig unter die Grießmasse ziehen. Den Backofen auf 180 °C vorheizen.
3. Die Erdbeeren entstielen, kurz waschen und auf einem Tuch gut abtrocknen lassen.

4. Den Strudelteig auf einem großen Tuch möglichst dünn ausrollen und über den Handrücken hauchdünn ausziehen. Die Teigplatte mit der Hälfte der flüssigen Butter bepinseln und mit Grießmasse bestreichen. Die Erdbeeren darüber verteilen und den Strudel mit Hilfe des Tuches zusammenrollen. In eine gefettete Bratreine gleiten lassen und mit restlicher Butter bestreichen. Im heißen Backofen in etwa 25–30 Minuten goldbraun backen.
5. Den Strudel etwas abkühlen lassen, dann mit Puderzucker bestäuben und lauwarm mit Vanillesahne servieren.

Vanillesahne

2 EL Zucker

2 EL Wasser

ausgekratztes Mark von 1 Vanilleschote

1 TL Orangenlikör

1/4 l Sahne

1. Zucker und Wasser zu dickem Sirup kochen. Von der Kochplatte nehmen und das Vanillemark und den Likör unterrühren. Abkühlen lassen.
2. Die Sahne steif schlagen und die Vanillemischung unterrühren.

Luftige Himbeercreme mit Mandeln

3 Blatt weiße Gelatine

2 Eigelb

1 EL Puderzucker

2 cl Himbeergeist

1 Eiweiß

2 EL Zucker

1/4 l Sahne

250 g Himbeeren

2 EL geröstete Mandelblättchen

1. Die Gelatineblätter in kaltem Wasser einweichen.
2. Eigelb und Puderzucker in einem heißen Wasserbad mit dem Schneebesen dickschaumig aufschlagen. Herausnehmen und kaltschlagen.
3. Den Himbeergeist erhitzen und die gut ausgedrückten Gelatineblätter darin auflösen. Unter die Eicreme rühren.
4. Eiweiß mit Zucker steif schlagen, in einer zweiten Schüssel die Sahne steif schlagen. Die Himbeeren im Mixer pürieren und durch ein Sieb streichen.
5. Den Eischnee und zwei Drittel der Sahne mit dem Fruchtmark locker unter die Eicreme mischen. In Gläser füllen und im Kühlschrank erstarren lassen.
6. Die Creme mit der restlichen Sahne und den gerösteten Mandelblättchen garniert servieren.

ALFONS SCHUHBECK

Die gerösteten Mandelblättchen schmecken am besten frisch zubereitet: Einfach in einer Pfanne ohne Fett bei mäßiger Hitze unter ständigem Rühren braten, bis sie leicht gebräunt sind.

97

Apfelchips auf Vanillesauce und Birnensorbet

(Für 6 Personen)

Für die Apfelchips:

2 rote Äpfel

2 grüne Äpfel

2 gelbe Äpfel

1/4 l Wasser

300 g Zucker

35 g Glukose

Saft von 1 Zitrone

Fett zum Ausbacken

Für die Vanillesauce:

150 ml Sahne

100 ml Milch

1 Vanilleschote

60 g Zucker

3 Eier

3 Eigelb

Für das Birnensorbet:

300 g reife Birnen, z. B.

Williams Christ

3 EL Zucker

Saft von 1 Zitrone

1/4 l halbtrockener Weißwein

1/8 l Wasser

Außerdem:

etwas Puderzucker

1. Die Äpfel gründlich waschen, trockenreiben und mit einem Gemüseschäler dicker als üblich schälen. Es muß noch Apfelfruchtfleisch an den Schalen bleiben. Die Schalenstreifen in gleich große Stücke schneiden. Wenn Sie die übrigbleibenden Äpfel nicht gleich essen oder – wie im Tip angegeben – weiterverwerten, gleich mit etwas Zitronensaft beträufeln, damit sie nicht braun anlaufen, und mit Klarsichtfolie zugedeckt kühlstellen.

2. Wasser, Zucker und Glukose aufkochen, den Saft von einer Zitrone dazugeben und etwa 5 Minuten kochen lassen. Die vorbereiteten Apfelschalen etwa einen halben Tag darin einlegen.

3. Für die Vanillesauce Sahne, Milch, die aufgeschlitzte Vanilleschote sowie die Hälfte des Zuckers aufkochen und kurz durchziehen lassen. Dann das Vanillemark mit einem spitzen Messer in die Milch schaben.

4. Eier und Eigelb mit dem restlichen Zucker schaumig schlagen. Die Vanillemilch dazugießen und im heißen Wasserbad so lange aufschlagen, bis die Masse dickschaumig ist. Durch ein feines Sieb passieren und kaltrühren.

5. Für das Birnensorbet die Birnen schälen, halbieren, entkernen und in Stücke schneiden. Mit den übrigen Zutaten in einen Topf geben und in etwa 15 Minuten weich kochen. Anschließend im Mixer fein pürieren und durch ein Sieb streichen. Das Birnenmus in einer Eismaschine gefrieren lassen oder in eine flache Metallschale füllen und im Gefriergerät erstarren lassen, dabei gelegentlich mit einem Schneebesen kräftig durchrühren.

6. Die Apfelchips gut abtropfen lassen, mit Küchenkrepp trocknen und in 180 °C heißem Fett wie Chips knusprig ausbacken.

7. Die Vanillesauce als Spiegel auf Teller gießen, jeweils eine Kugel Birnensorbet darauf anrichten und die farbigen Chips, auf Küchenkrepp gut abgetropft, darauf verteilen. Mit Puderzucker leicht bestäuben.

Weinempfehlung:
Zu diesem außergewöhnlichen Dessert paßt auch nur ein ebensolcher Wein, nämlich ein Eiswein vom Weingut Aschrott'sche Erben in Hochheim am Main, dem Tor zum Rheingau. Der 91er Hochheimer Kirchenstück Riesling Eiswein harmoniert mit seinem sanften Honigaroma und seinem intensiven Geschmack nach reifen Früchten unglaublich gut mit der fruchtigen Dessertkomposition. Das liegt sicherlich daran, daß diese edle Rarität – ein Wein aus spätgelesenen, gefrorenen Trauben mit hohem Mostgewicht erzeugt – trotzdem nicht unangenehm klebrig-süß schmeckt.

Die Stärken des traditionsreichen Gutes mit einem über 500 Jahre alten Gutshaus samt Gewölbekeller liegen besonders im Ausbau von fruchtig-süßen Spätlesen und Auslesen, die fast die Hälfte der abgefüllten Weinmenge ausmachen. Das verwundert nicht, denn die Weinberge liegen in den besten Lagen Hochheims.

ALFONS SCHUHBECK

Die Apfelchips sind nicht nur ein köstliches Dessert, man kann mit diesen gesunden, knusprigen Knabberdingern natürlich alle Kinder begeistern. Geben Sie dann am besten frisch püriertes, wenig gesüßtes Erdbeer- oder Himbeermark dazu.

*

Fragen Sie Ihren Bäcker oder Konditor nach Glukose, der gibt Ihnen sicher gern die benötigte kleine Menge von seinem Vorrat ab.

Die Glukose – das ist übrigens ein ganz normaler Zuckerstoff – braucht man bei diesem Rezept unbedingt, weil sie die Fruchtschalen richtig knackig macht und zudem den Sirup stabilisiert, ohne ihn klebrig-süß werden zu lassen.

*

Die bei diesem Rezept übrig gebliebenen Äpfel verarbeiten Sie entweder zu Apfelkompott (mit etwas Apfel- und Zitronensaft, Zucker und einem Stück Zimtstange nicht zu weich dünsten) oder verwenden sie für einen Apfelkuchen.

99

Süße Überraschungen

Reden versüßt das Essen

**Eine ganz wichtige Sache sind die Gespräche bei Tisch. Sie wissen, wie das zwischen Suppe und Dessert oft gigantisch daneben gehen kann. Alles red't durcheinander und dann wird gestritten!
Zuerst kommt immer das die Mahlzeit eröffnende Ritual. Zum Beispiel »Mahlzeit «, »An guaten«, »Guten Appetit« … das steuert die Kommunikation. Und dieser Wunsch lenkt dann den Redestrom aufs Essen um.**

Und erst, wenn dessen Beschaffenheit mehr oder weniger ausführlich erörtert ist (auch in den WGs … »Ist da Tofu drin?«), darf man an vorige Themen anschließen oder neue anfangen. Und keiner hat gemerkt, daß ihn soeben ein kommunikatives Element geleitet hat.

Oder: Der Papa will das Tischgebet sprechen, die Tochter und der Freund san grad' am Streiten: »Warum bist'n du so grantig heut'?« – »Bin i grantig? Also bitte …!« Ein Räuspern vom Papa – und die Sitte siegt. Alles verfällt in Schweigen.

Manchmal riecht's brenzlig
Da gibt's viele verborgene Weichen im Gleissystem des Tischgeplauders, die verhindern, daß sich die Familie zerstreitet, wenn eine Gesprächssituation brenzlig wird.
Es gibt Familien, die sind Meister im frühen Entschärfen von Konflikten, wenn es nach Grundsatzdiskussion riecht. Oder Eltern-Enttäuschung und Kinder-Trotz. Dann macht meistens die Mama sprachlich ein Entschärfungsangebot – und alle fügen sich.
Wenn's gut geht …!
Es gibt aber auch ausgesprochene Streitfamilien, die sich alle gegenseitig den Appetit verderben. Aber was soll's – solang noch gestritten wird, lebt ma zamm. Hauptsache, g'redt werd!
Das ist die Zauberkraft des familiären

Tischrituals. Das Gespräch läuft, obwohl manchmal gar keiner zuhört, was der andere sagt. Manchmal reden acht Leut' gleichzeitig. Da gilt des, was der Adi Preißler über den Fußball g'sagt hat: »Grau ist alle Theorie – maßgebend ist: Uff'n Platz!«. Ob und wie man sich und das, was man sagen will, durchsetzen kann gegen die Andern!

Klatsch stärkt das Wir-Gefühl
Übrigens hat das Fernsehen, das angeblich die Wirklichkeit ersetzt und Gefühlsbindungen zerstört und quasi die Familie verstummen läßt, viel weniger Einfluß als man meint.
Der Hauptbestandteil der Familienrituale ist … der Klatsch! Der nämlich muß sein, weil er das Wir-Gefühl stärkt und die eigene familieninterne Moral. Also, ob's die Frau Huber mit dem Herrn Weber hat, ob die Frau Pinzinger sich scheiden laßt oder ob der Herr Wetzlich Konkurs macht oder so.

Das zweite wichtige, gefürchtete und immer wiederkehrende Element ist die Belehrung. Wenn der Papa zum Sermon über das rechte Leben ansetzt, heißt's für die anderen: Schweigen! Oder wenn einer mit dem Satz »Hab' ich des scho mal erzählt?« zu einer ewigen G'schicht' ansetzt. Dann – Stöhn! – zuhören.

Vom Hirn zum Bauch
Wie auch immer, das oberste Unterhaltungsgesetz heißt: Du sollst nicht langweilen! Wer belehren will, muß die andern zum Zuhören bringen. Wer tratschen will, muß eine interessante Neuigkeit über einen Dritten zu bieten

haben. Fürchten tun Eltern und Kinder eines am meisten: Das Verstummen. Nur Familien, die nicht mal am Tisch reden, sind tot.

Nudeln contra Kampfgeist
Ich hab' übrigens herausgefunden, daß der Aggressionspegel mit vollem Magen drastisch absinkt. Logisch, weil das Blut vom Hirn in den Bauch muß.

Und da schrumpft der Kampfgeist. Und je schneller die Abfüllung, desto geringer die Konfliktbereitschaft.

Diese Erkenntnis hab' ich praktisch genutzt. Wenn dicke Luft droht, mach' ich einfach italienische Spaghetti mit Bier, da ist mit jedem Streit nach fünf Minuten a Ruah!

Ja ja, wir haben es schon geahnt – und diese Tischrituale sind der Beweis. Ein vom Gesprächsklima der am Tisch versammelten Sippe schwer geprüfter Junge hat es auf gut schwäbisch geschnurrt: »Gott sei Dank isch unser Läbe so schee eigloffe, gell!«

103

Lebkuchen- tartes mit Orangenfilets

Für die Tartes:

200 g Blätterteig

1/8 l Milch

1 Msp gemahlener Zimt

1 TL Lebkuchengewürz

20 g Speisestärke

1 Lebkuchen

2 EL fein gehackte Schokolade

1 Eigelb

2 Eiweiß

40 g Zucker

Für die marinierten Orangen:

2 Orangen

2 EL Orangenmarmelade

2 cl Orangenlikör

1. Den Backofen auf 180 °C vorheizen. Den Blätterteig etwa 2 mm dick ausrollen. Mit einer runden Schüssel vier gleichgroße Kreise markieren. Mit einem scharfen Messer ausschneiden und auf ein mit Backpapier ausgelegtes Blech legen. Kalt stellen.
2. Zwei Drittel der Milch mit Zimt und Lebkuchengewürz aufkochen. Mit der restlichen kalten Milch die Speisestärke anrühren, unter Rühren in die kochende Milch einlaufen lassen. Einige Minuten kochen lassen, dann von der Kochplatte nehmen.
3. Den Lebkuchen in winzige Würfel schneiden und mit gehackter Schokolade und dem Eigelb unter die abgekühlte Creme mischen.
4. Die Eiweiß mit Zucker zu steifem Schnee schlagen und gleichmäßig unter die Lebkuchenmasse ziehen.
5. Jede Blätterteigscheibe so mit der Masse bestreichen, daß rundherum ein schmaler Rand frei bleibt.

6. Die Tartes im heißen Backofen in 10–12 Minuten goldbraun backen.
7. Die Orangen so dick schälen, daß die weiße Haut völlig entfernt ist. Die Fruchtsegmente mit einem scharfen Messer zwischen den hellen Trennhäuten herauslösen. Die Marmelade mit dem Likör in einer Pfanne erhitzen und schmelzen lassen, die Orangenfilets etwa 1 Minute darin ziehen lassen. Die fertig gebackenen, noch heißen Tartes sternförmig damit belegen.

Weinempfehlung:

Eine rassige, edelsüße Riesling Beerenauslese Jahrgang 1989 aus dem 6 ha großen Weingut Ratzenberger in Bacharach, deren Süße durch eine markante Säure gebrochen wird, so daß der Wein trocken im Abgang ist, paßt sehr gut zu diesen würzigen Tartes. Obwohl sich das Weingut Ratzenberger inmitten des Touristenortes Bacharach am Rhein befindet, hat es Jochen Ratzenberger geschafft, sich mit seinen Weinen, vor allem auch den edelsüßen Rieslingen, unter Weinkennern einen Namen zu machen.

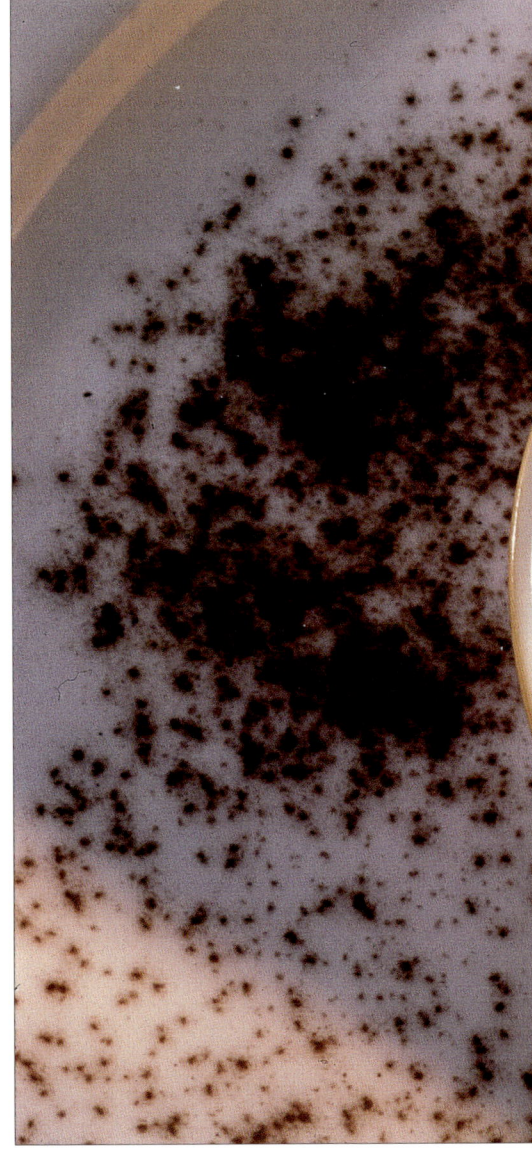

ALFONS SCHUHBECK

Die fertigen Tartes kann man – ohne Orangenfilets – auch gut einfrieren. Bei Bedarf kurz im heißen Backofen aufbacken und mit den glasierten Orangenspalten belegen. Dazu paßt mit Vanille gewürzte, halbsteif geschlagene Sahne.

Geeistes vom Kaffee

(Für 4–6 Personen)

Für das Kaffeeparfait:

60 g Zucker

2 EL Wasser

3 Eigelb

1 gehäufter EL löslicher Kaffee

2 EL heißes Wasser oder Kaffee

2 EL Rum

200 ml Sahne

Für den Kaffeeschaum:

3 Eigelb

50 g Zucker

1 EL löslicher Kaffee

4 EL heißes Wasser oder Kaffee

2 EL Rum

1 Blatt weiße Gelatine

1/8 l Sahne

1. Die Hälfte des Zuckers und das Wasser in einen kleinen Topf geben und aufkochen lassen. Die Eigelb mit dem restlichen Zucker dickschaumig schlagen, unter Rühren die heiße Zuckerlösung dazugeben und so lange weiterschlagen, bis die Masse kalt ist.

2. Löslichen Kaffee in heißem Wasser (oder Kaffee) und Rum auflösen, unter den Eischaum rühren. Die Sahne steif schlagen und unterziehen.

3. Mit dieser Creme Kaffee- oder Espressotassen zu zwei Dritteln füllen und im Gefrierschrank etwa 2 Stunden gefrieren lassen.

4. Für den Schaum die Eigelb mit 50 g Zucker dickschaumig schlagen. Löslichen Kaffee in heißem Wasser oder Kaffee auflösen und mit 1 EL Rum unter die Schaummasse schlagen. Die Gelatine in kaltem Wasser einweichen, fest ausdrücken und im restlichen Rum bei mäßiger Hitze auflösen. Ebenfalls unter den Schaum rühren und kalt stellen, bis die Creme leicht geliert. Dann die Sahne steif schlagen und gleichmäßig unterheben.

5. Etwa 10 Minuten vorm Servieren die Tassen aus dem Gefriergerät nehmen, mit dem Kaffeeschaum auffüllen und mit etwas löslichem Kaffeepulver bestäubt auftragen.

105

Parfait mit Rumfrüchten

70 g Zucker

4–5 EL Saft vom Rumtopf

5 Eigelb

20 g grob gemahlener Krokant

80 g Schokoladenraspel

1/4 l Sahne

1 EL Kirschwasser

400 g Rumtopffrüchte

1. 20 g Zucker mit 1 Eßlöffel Wasser aufkochen lassen, dann den Rumtopfsaft untermischen.
2. Die Eigelb mit dem restlichen Zucker in einer Metallschüssel schaumig schlagen.
3. Einen Topf etwa handbreit mit Wasser füllen, erhitzen und die Schüssel mit der Eicreme hineinhängen. Über dem leicht siedenden Wasser so lange aufschlagen, bis die Creme dickschaumig ist. Herausnehmen und in einer Schüssel mit Eiswasser kaltschlagen.
4. Krokant und Schokoladenraspel dazugeben. Die Sahne steif schlagen und ein Drittel davon unterrühren, den Rest mit dem Kirschwasser vorsichtig unterheben.
5. Die Masse in eine kleine Guglhupfform füllen und im Tiefkühlgerät 4–6 Stunden gefrieren lassen.
6. Die Form etwa 10 Minuten vor dem Servieren herausnehmen, kurz in heißes Wasser tauchen und auf eine große Platte stürzen. Mit Rumfrüchten umkränzt servieren oder den Guglhupf in Stücke teilen und portionsweise mit den Früchten anrichten.

Besoffene Eiskrapfen

Für den Biskuitteig:

5 Eigelb

80 g Zucker

ausgekratztes Mark von 1 Vanilleschote

3 Eiweiß

70 g Mehl

Für den Weinteig:

150 g Mehl

1 Prise Salz

25 g Zucker

2 Eier

1 EL Pflanzenöl

ca. 1/4 l halbtrockener Weißwein

Außerdem:

5 cl Grappa

6 Kugeln Vanilleeis

Fett zum Ausbacken

1. Den Backofen auf 200 °C vorheizen. Die Eigelb in einer Schüssel mit 20 g Zucker und Vanillemark schaumig rühren. In einer zweiten Schüssel die Eiweiß mit dem restlichen Zucker zu steifem Schnee schlagen. Beide Massen miteinander vermischen und das Mehl vorsichtig unterrühren. Den Teig auf ein mit Backpapier belegtes Blech streichen und im heißen Backofen in 10 bis 15 Minuten goldgelb backen.

ALFONS SCHUHBECK

Das Rumtopf-Parfait reicht für 4 bis 6 Personen und ist ein herrliches Dessert fürs festliche Weihnachtsmenü, da man es gut vorbereiten kann und der Rumtopf zu dieser Zeit das feinste Aroma entwickelt hat.

2. Die Biskuitplatte auf ein Tuch stürzen und das Backpapier abziehen. Daraus 12 Kreise ausstechen und mit Grappa tränken. Jeweils zwei abgekühlte Biskuitplätzchen mit einer Eiskugel füllen, die Ränder zusammendrücken und zu einem Knödel formen. Die Kugeln nebeneinander auf einen Teller legen und mindestens 1 Stunde in das Tiefkühlgerät stellen.
3. In einem Fritiertopf Fett zum Ausbacken erhitzen. Für den Weinteig das Mehl mit den übrigen Zutaten zu einem glatten Teig verrühren. Die gefrorenen Eiskugeln hineintauchen und im heißen Backfett in wenigen Minuten goldbraun ausbacken. Sofort auf Fruchtmark oder Schokoladensauce servieren.

Gewürznikolaus mit glasierten Rumfrüchten

Für den Hefeteig:

20 g Hefe

200 ml lauwarme Milch

500 g Mehl

1 Prise Salz

60 g Zucker

1 Ei

80 g Butter

ausgekratzes Mark von

1 Vanilleschote

abgeriebene Schale von

1 unbehandelten Zitrone

1 TL Lebkuchengewürz

1 Msp gemahlener Zimt

1 Msp gemahlener Kardamom

Für die Garnitur:

Belegkirschen

ganze geschälte Mandeln

Rosinen

1 Eigelb zum Bestreichen

Für die glasierten Rumtopffrüchte:

200 g Rumtopffrüchte

4 EL Rotwein

4 EL Saft vom Rumtopf

50 g Zucker

1/4 Zimtstange

1 Gewürznelke

30 g kalte Butter

Außerdem:

100 g Puderzucker

2 EL Rum

einige Minzeblätter

1. Die Hefe in die lauwarme Milch bröckeln und 250 g Mehl unterrühren. Zugedeckt etwa 20 Minuten an einem warmen Ort aufgehen lassen.
2. Dann das restliche Mehl und die übrigen Zutaten und Gewürze hinzufügen und mit den Knethaken eines Handrührgerätes so lange kneten, bis sich der Teig vom Schüsselboden löst. Mit einem Tuch bedeckt warmstellen und 30 Minuten gehen lassen.
3. Den Teig 1 cm dick ausrollen, mit einem Nikolausausstecher Figuren ausstechen und auf ein mit Backpapier ausgelegtes Backblech legen. Die Figuren nach eigenem Geschmack mit Belegkirschen, Mandeln und Rosinen garnieren und wiederum 30 Minuten gehen lassen. Den Backofen auf 180 °C vorheizen. Die Figuren mit Eigelb bestreichen und im heißen Backofen 15–20 Minuten backen.
4. Die Rumtopffrüchte mit Rotwein, Rumtopfsaft, Zucker, Zimtstange und

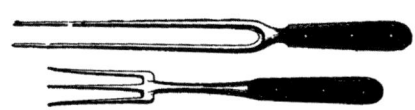

Nelke in einen Topf geben und aufkochen lassen. Dann die Früchte mit einem Schaumlöffel herausheben und die Flüssigkeit mit den Gewürzen dickflüssig einkochen lassen. Die kalte Butter in kleinen Flöckchen unterschlagen, die Früchte wieder dazugeben und mit dem Sirup glasieren.
5. Puderzucker mit Rum und etwas Wasser zu einem glatten Zuckerguß verrühren und die Nikolausfiguren damit verzieren.
6. Jeweils einen Nikolaus mit Rumfrüchten auf einem Teller anrichten und mit Minzeblättern garnieren.

Weinempfehlung:

Zu diesem witzigen und etwas ungewöhnlichen Nachtisch paßt am besten ein edelsüßer Dessertwein, zum Beispiel eine 90er Riesling Spätlese Steeger St. Jost vom Weingut Ratzenberger (Bacharach). Diese opulente Spätlese ist schon fast mit einem Eiswein vergleichbar. Ein Wein mit viel Frucht, bei dem die Süße durch die rassige Säure gebrochen wird.

Schokoladen-kipferl

150 g Zartbitter-Schokolade

150 g Butter

200 g Puderzucker

220 g feingeriebene

geschälte Mandeln

Puderzucker zum Bestäuben

1. Die Schokolade in Stückchen brechen, im Wasserbad auflösen und die Butter in Flöckchen unterrühren. Die übrigen Zutaten dazugeben und rasch zu einem glatten Teig verkneten. Kühlgestellt etwa 1 Stunde ruhen lassen.
2. Den Backofen auf 160 °C vorheizen. Aus dem Teig kleinfingerdicke, etwa 5 cm lange Rollen formen und diese zu Kipferln biegen. Auf ein mit Backpapier ausgelegtes Blech legen und im heißen Backofen etwa 10 Minuten backen. Mit Puderzucker bestäuben.

ALFONS SCHUHBECK

Sparen Sie nicht bei der Schokolade, denn je besser die Grundzutat, desto feiner schmecken die Plätzchen. Anstelle von Zartbitterschokolade sollten Sie auch mal gute Mokka-Schokolade versuchen. Dann zusätzlich noch 1/2 TL löslichen Kaffee zum Teig geben.

*

Die Schokolade unbedingt in einem nur leise siedenden Wasserbad schmelzen lassen – sie darf keinesfalls zu heiß werden, sonst wird sie trocken und krümelig.

107

Zimtsterne

160 g geriebene Mandeln

80 g geriebene Walnüsse

400 g Zucker

60 g sehr fein gehacktes Orangeat

8 g gemahlener Zimt

1–2 Eiweiß

300 g Puderzucker

Saft von 1 Zitrone

Fett und Mehl für das Blech

1. Mandeln, Walnüsse, Zucker, Orangeat und Zimt in einer Schüssel vermischen und so viel Eiweiß dazugeben, daß ein glatter, fester Teig entsteht. Im Kühlschrank 2 Stunden ruhen lassen.
2. Den Backofen auf 120 °C vorheizen. Den Teig 1/2 cm dick ausrollen.
3. Puderzucker mit Zitronensaft zu einem glatten Zuckerguß verrühren, eventuell noch einige Tropfen Wasser zugeben. Die Teigplatte mit dem Zitronenguß überziehen.
4. Einen Sternausstecher in kaltes Wasser tauchen und aus der Teigplatte Sterne ausstechen. Auf ein leicht gefettetes, mit Mehl bestäubtes Backblech setzen und im vorgeheizten Backofen etwa 15 Minuten backen.

Weinempfehlung:
Zimtsterne ißt man vorwiegend als weihnachtliche Nascherei zu Kaffee – sie schmecken aber auch als Dessert, vor allem mit einem edlen Wein. Köstlich dazu eine 89er Riesling Auslese aus dem Weingut Ratzenberger, deren Süße nicht erschlägt, sondern gerade in Verbindung mit den würzigen Plätzchen fast trocken wirkt.

Gewürzprinten

50 g brauner Sirup

200 g Tannenhonig

300 g Mehl

60 g Farinzucker

40 g Kandiszucker

15 g Orangeat

3 g Pottasche

2 g gemahlener Zimt

2 g gemahlener Anis

1 g geriebene Muskatnuß

1 g gemahlene Gewürznelke

1 g Ammoniumpulver

Milch zum Bestreichen

1. Sirup und Honig in einen Topf geben und bei schwacher Hitze auflösen. Von der Kochplatte nehmen und handwarm abkühlen lassen. Dann die restlichen Zutaten unterrühren und rasch zu einem glatten Teig verkneten. Etwa 30 Minuten ruhen lassen.
2. Den Backofen auf 180 °C vorheizen. Den Teig 1/2 cm dick ausrollen und Rechtecke von 3 mal 9 cm ausschneiden. Auf ein mit Backpapier ausgelegtes Blech setzen und die Oberfläche mit Milch bestreichen. Im heißen Backofen 12–15 Minuten backen.

ALFONS SCHUHBECK

Die Zimtsterne müssen vor dem Verzehr mindestens eine Woche nebeneinandergelegt in einer Blechdose ruhen. Zum einen entfaltet sich dadurch das Aroma viel besser, zum anderen braucht das Gebäck diese Zeit zum Trocknen.

Spitzkuchen

500 g Tannenhonig

450 g Zucker

5 EL Wasser

125 g Mandeln

125 g Rosinen

125 g Orangeat

125 g Zitronat

500 g Weizenmehl

200 g Roggenmehl

12 g Lebkuchengewürz

7 g Ammoniumpulver

5 g Pottasche

250 g dunkle Kuvertüre

1. Honig, Zucker und Wasser erhitzen und handwarm abkühlen lassen.
2. Mandeln, Rosinen, Orangeat und Zitronat fein hacken und mit den übrigen Zutaten nach und nach unter die lauwarme Honigmischung rühren. Zu einem formbaren Teig verkneten und mit Folie umhüllt mindestens 5 Stunden an einem kühlen Platz ruhen lassen.
3. Den Backofen auf 190 °C vorheizen. Aus dem Teig Rollen von 2 cm Durchmesser formen, nebeneinander auf ein mit Backpapier ausgelegtes Blech legen. Gut 10 Minuten backen und abgekühlt in gleichmäßige Dreiecke schneiden.
4. Die Kuvertüre im Wasserbad schmelzen lassen. Die Spitzkuchen auf eine Gabel spießen und in die flüssige Kuvertüre tauchen, auf einem Kuchengitter abtropfen lassen.

Rezepte und Wissenswertes von A bis Z

Q/R

Quark-Joghurtsauce, Pikante, mit
    Paprika 22
Quarknudeln mit Faßlkrautsalat 24
Quarksoufflé 21
Quitten-Birnen-Strudel (Variante) 95
Rinderfilet, Geräuchertes, mit
    Käsebrötchen 82
Rotweinbirnen mit Käsesabayon 35

S/T

Salatblätter, Mit Frischkäse gefüllte 23
Salatschüssel, Bunte, mit Ruccoladres-
    sing 49
Schinken-Scheiterhaufen mit Kartoffel-
    Koriandersauce 66
Schnittlauchsauce mit Rahm 22
Schokoladenkipferl 107
Schweinekotelett mit Nieren-Kirschfül-
    lung 80
Schweineschulter, Geschmorte, mit
    Gemüse 79
Semmel-Kräuterfüllung (Variante) 55
Soleier 77
Spanferkelschulter mit Tannenhonig gla-
    siert 78
Spitzkuchen 109
Strudel mit Grieß-Erdbeerfüllung 97
Tafelspitz 83
Topfentascherl mit Kräuterfüllung 23
Trauben-Preiselbeerstrudel 94

V/W/Z

Vanillesahne 97
Würstlsuppe, Fränkische 70
Würzige Edelpilzkäsekugeln 34
Würzige Käse-Pavesen 32
Ziegenkäse, Nockerl von, auf Trauben-
    salat 34
Zimtsterne 109
Zucchiniblüten mit Leberwurst 69
Zwetschgenblaukraut 93

Winzer-Adressen

Mittelrhein:

Weingut Ratzenberger
Blücherstraße 167 · 55422 Bacharach 2

Die 6 ha Weinberge liegen fast nur in Steil-
lagen auf Schieferböden. Es werden zwar
vorwiegend Rieslinge angepflanzt, Spezialität
ist jedoch, neben edelsüß ausgebauten Rieslingen, ein trockener Spätburgunder.

Rheingau:

Geheimrat Aschrott'sche Erben
Kirchstraße 38 · 65239 Hochheim

Das Holzfaß ist heute noch Bestandteil der
Betriebsphilosophie. Man ist überzeugt, daß
der Ausbau im Holzfaß die etwas kantigen
Rieslinge weicher und harmonischer macht.
Faszinierend sind die edelsüßen Rieslinge.

Weingut Prinz von Hessen
Im Grund 1 · 65366 Geisenheim-Johannisberg

Das 50 ha große Weingut ist Eigentum der
Hessischen Hausstiftung. Es hat über 17 Ein-
zellagen zwischen Eltville und Rüdesheim.
Vorwiegend Rieslinge werden zu kernigen
Weinen mit pikanter Säure ausgebaut.

Weingut Hupfeld, Königin Victoriaberg
Rheingaustraße 113 · 65375 Oestrich-Winkel

Aushängeschild ist die Lage »Königin Victoriaberg«, obwohl auch die Lagen Winkeler
Hasensprung und Oestricher Lenchen interessante Weine hervorbringen, von denen die
Besten als Charta-Weine abgefüllt werden.

Weingut Robert Weil
Mühlberg 5 · 65399 Kiedrich

Die Rieslinge zeichnet volles Bukett und ras-
sige Säure aus, die Auslesen sind Weltklasse.
Das Weingut zählt zur Spitze aller deutschen
Weingüter. Grandios eine 91er Riesling
Trockenbeerenauslese Kiedricher Gräfenberg.

Nahe:

Weingut Tesch
An den Nahewiesen 24
55450 Langenlonsheim

Von gut 20 ha Rebflächen sind über 70% mit
Riesling bestockt, der Rest mit Spätburgunder,
Weißburgunder und Silvaner. Biologischer
Anbau, Begrenzung der Erntemenge und Aus-
bau im Edelstahltank ergiben schlanke, frische
und sortentypische Weine.

Pfalz:

Weingut Reichsrat von Buhl
Weinstraße 16–24 · 67146 Deidesheim

Dank Investitionen im Keller ist es gelungen,
moderne, fruchtige, rassige Weine, überwiegend Rieslinge, auszubauen. Die Bewirtschaf-
tung der Lagen erfolgt nach Prinzipien des
kontrolliert umweltschonenden Anbaus.

Weingut Fitz-Ritter
Leistadter Straße 1c · 67098 Bad Dürkheim

Die 21 ha Rebfläche sind zu 65% mit Rieslingen bestockt, der Rest verteilt sich auf Grauburgunder, Weißburgunder, Gewürztraminer,
Chardonnay, Silvaner, aber auch Spätburgunder und Dornfelder. Über 75% der Weine
werden trocken bis halbtrocken ausgebaut.

Franken:

Weingut Bürgerspital zum Hl. Geist
Theaterstraße 19 · 97070 Würzburg

Das Bürgerspital wurde 1319 zur Pflege kran-
ker Würzburger Bürger gegründet. Heute
sorgt Oberamtsrat Rudolf Fries dafür, daß die
Weine des Bürgerspitals Kennern viel Freude
bereiten. Neben erdigen, dennoch feingliedri-
gen Silvanern begeistern vor allem Rieslinge.

Weingut Rudolf Fürst
Hohenlindenweg 46
63927 Bürgstadt am Main

Die Hälfte der 10 ha Rebfläche ist ganz un-
fränkisch mit Rotweinsorten bestockt, vor allem
mit Spätburgunder, der, im Barrique ausgebaut, zu einem großen Burgunder wird. Obwohl das Gut wegen der Rotweine Aufsehen
erregte – großartig sind auch die Weißen.

Weingut Hans Wirsching
Ludwigstraße 16 · 97346 Iphofen

Silvaner und Rieslinge von den Lagen Julius
Echter Berg und Kronsberg erfreuen von Jahr
zu Jahr aufs Neue, ebenso die Scheurebe.
Das Geheimnis ist die Kombination von Reb-
sortiment, niedrigem Hektarertrag, Handlese
und modernem Ausbau im Edelstahltank.

Württemberg:

Weingut und Schloßkellerei Fürst zu Hohenlohe-Öhringen
Im Schloß · 74613 Öhringen

Die jahrzehntelange, konstante Qualität ist
dem Betriebsleiter und Kellermeister Siegfried
Röll zu verdanken. Seit 1983 experimentiert
er mit dem Barrique, dabei ist er bestrebt,
den Wein und nicht das Holz in den Vorder-
grund zu stellen.

Baden:

Weingut Albert Heitlinger
Am Mühlberg · 76684 Östringen-Tiefenbach

Besonderes Vergnügen hat Eberhard Heitlinger an Cuvées und Namen wie »Dialog«
oder »Tantris«. Daneben sind auch typische
und feinwürzige Weißburgunder und Lemberger, gekonnt im Barrique ausgebaut, Weine,
die Freude bereiten.